パラリンピック夏季大会

開催年	回	開催都市	国
1960年	1	ローマ	イタリア
1964年	2	東京	日本
1968年	3	テルアビブ	イスラエル
1972年	4	ハイデルベルク	西ドイツ（現在のドイツ）
1976年	5	トロント	カナダ
1980年	6	アーネム	オランダ
1984年	7	ニューヨーク/ストーク・マンデビル（エイルズベリー）	アメリカ / イギリス
1988年	8	ソウル	韓国
1992年	9	バルセロナ	スペイン
1996年	10	アトランタ	アメリカ
2000年	11	シドニー	オーストラリア
2004年	12	アテネ	ギリシャ
2008年	13	北京	中国
2012年	14	ロンドン	イギリス
2016年	15	リオデジャネイロ	ブラジル
2020年	16	東京（予定）	日本
2024年	17	パリ（予定）	フランス
2028年	18	ロサンゼルス（予定）	アメリカ

パラリンピック冬季大会

開催年	回	開催都市	国
1976年	1	エンシェルツヴィーク	スウェーデン
1980年	2	ヤイロ	ノルウェー
1984年	3	インスブルック	オーストリア
1988年	4	インスブルック	オーストリア
1992年	5	アルベールビル	フランス
1994年	6	リレハンメル	ノルウェー
1998年	7	長野	日本
2002年	8	ソルトレークシティ	アメリカ
2006年	9	トリノ	イタリア
2010年	10	バンクーバー	カナダ
2014年	11	ソチ	ロシア
2018年	12	平昌	韓国
2022年	13	北京（予定）	中国
2026年	14	ミラノ・コルティナダンペッツォ（予定）	イタリア

オリンピック・パラリンピックで知る 世界の国と地域 1

オリンピック・パラリンピックの歴史

監修：日本オリンピック・アカデミー

小峰書店

もくじ

オリンピック …… 4

夏季

1896年第1回アテネ大会……………6
1900年第2回パリ大会………………6
1904年第3回セントルイス大会……6
1908年第4回ロンドン大会…………7
1912年第5回ストックホルム大会…7
1920年第7回アントワープ大会……8
1924年第8回パリ大会………………8
1928年第9回アムステルダム大会…8
1932年第10回ロサンゼルス大会……8
1936年第11回ベルリン大会…………9
1948年第14回ロンドン大会…………10
1952年第15回ヘルシンキ大会………10
1956年第16回メルボルン大会………10
1960年第17回ローマ大会……………10
1964年第18回東京大会………………11
1968年第19回メキシコシティ大会…12
1972年第20回ミュンヘン大会………12
1976年第21回モントリオール大会…12
1980年第22回モスクワ大会…………12
1984年第23回ロサンゼルス大会……13
1988年第24回ソウル大会……………13
1992年第25回バルセロナ大会………14
1996年第26回アトランタ大会………14
2000年第27回シドニー大会…………15
2004年第28回アテネ大会……………15
2008年第29回北京(ペキン)大会……16
2012年第30回ロンドン大会…………16
2016年第31回リオデジャネイロ大会…17
2020年第32回東京大会………………17

冬季

1924年第1回シャモニー・モンブラン大会…18
1928年第2回サン・モリッツ大会……18
1932年第3回レークプラシッド大会…18
1936年第4回ガルミッシュ・パルテンキルヘン大会…18
1948年第5回サン・モリッツ大会……19
1952年第6回オスロ大会………………19
1956年第7回コルティナダンペッツォ大会…20
1960年第8回スコーバレー大会………20
1964年第9回インスブルック大会……20
1968年第10回グルノーブル大会………20
1972年第11回札幌(さっぽろ)大会……21
1976年第12回インスブルック大会……22
1980年第13回レークプラシッド大会…22
1984年第14回サラエボ大会……………22
1988年第15回カルガリー大会…………22
1992年第16回アルベールビル大会……23
1994年第17回リレハンメル大会………23
1998年第18回長野(ながの)大会………24
2002年第19回ソルトレークシティ大会…25
2006年第20回トリノ大会………………25
2010年第21回バンクーバー大会………26
2014年第22回ソチ大会…………………26
2018年第23回平昌(ピョンチャン)大会…27
2022年第24回北京(ペキン)大会………27

パラリンピック 28

夏季

- 1960年第1回ローマ大会……………………30
- 1964年第2回東京大会………………………30
- 1968年第3回テルアビブ大会………………31
- 1972年第4回ハイデルベルク大会…………31
- 1976年第5回トロント大会…………………31
- 1980年第6回アーネム大会…………………31
- 1984年第7回ニューヨーク／
  　　　　　ストーク・マンデビル大会………32
- 1988年第8回ソウル大会……………………32
- 1992年第9回バルセロナ大会………………32
- 1996年第10回アトランタ大会………………32
- 2000年第11回シドニー大会…………………33
- 2004年第12回アテネ大会……………………33
- 2008年第13回北京大会………………………33
- 2012年第14回ロンドン大会…………………33
- 2016年第15回リオデジャネイロ大会………34
- 2020年第16回東京大会………………………34

冬季

- 1976年第1回エンシェルツヴィーク大会……35
- 1980年第2回ヤイロ大会……………………35
- 1984年第3回インスブルック大会…………35
- 1988年第4回インスブルック大会…………35
- 1992年第5回アルベールビル大会…………36
- 1994年第6回リレハンメル大会……………36
- 1998年第7回長野大会………………………36
- 2002年第8回ソルトレークシティ大会……37
- 2006年第9回トリノ大会……………………37
- 2010年第10回バンクーバー大会……………37
- 2014年第11回ソチ大会………………………38
- 2018年第12回平昌大会………………………38
- 2022年第13回北京大会………………………38

トピックス

- 第1回アテネ大会の次は……？………………7
- 1940年幻の東京オリンピック………………9
- 冬季オリンピックの誕生……………………19
- 2026年と2030年冬季大会の開催地…………27
- 日本のパラリンピックの父・中村裕………30
- オリンピック・パラリンピック全競技……39
  - 夏季オリンピック／夏季パラリンピック……39
  - 冬季オリンピック／冬季パラリンピック……40
- 2018年平昌冬季オリンピック日本代表選手
  メダリスト……………………………………40
- 用語解説………………………………………41
- 全巻さくいん…………………………………43

- ●本書の基本情報は、2018年3月9日現在のものです。
- ●この第1巻では、第1回大会が1896年にギリシャのアテネでおこなわれた近代オリンピックと、第1回大会が1960年にイタリアのローマでおこなわれたパラリンピックの各大会を紹介しています。また、本書の「オリンピック」は、とくにことわりのないときには近代オリンピックをさします。

オリンピック

世界中の多くの国と地域から参加者が集い、4年に一度開かれる世界最大のスポーツ競技大会がオリンピック。第1回大会は1896年にギリシャのアテネでおこなわれた（夏季大会）。また、冬季大会の第1回大会は1924年にフランスのシャモニー・モンブランでおこなわれた。

古代オリンピックと「聖なる休戦」

現在おこなわれているオリンピックは「近代オリンピック」ともよばれる。これは、かつておこなわれていた「古代オリンピック」と区別するため。紀元前776年から紀元後393年までのおよそ1200年間にわたって4年に一度、ギリシャのオリンピアで開催されていた競技大会が、古代オリンピックだ。神にささげる聖なる祭典（宗教行事）としておこなわれ、競技の勝利者には神聖なオリーブの冠があたえられた。また、大会中とその前後には戦争を中止した。この古代オリンピックの「聖なる休戦」の精神は近代オリンピックにもひきつがれている。

「近代オリンピックの父」クーベルタン男爵

フランス・パリの貴族の家に生まれたピエール・ド・クーベルタンは、教育に興味をもっていた。視察先のイギリスで青少年の教育にスポーツが大きな役割をはたしているのを見て、精神と肉体の調和のとれた発達にはスポーツが欠かせないと考えた。そこで、古代オリンピックを復活させて、子どもたちの心身をはぐくむものとして近代オリンピックを提唱した。スポーツによる教育と世界平和の実現をめざしたのだ。そして初めての近代オリンピックとしておこなわれたのが1896年のアテネ大会。これ以降、古代オリンピックと同様4年に一度おこなわれ、今にいたっている。

第1回アテネ大会が大成功したため、ギリシャ国王が、4年ごとに毎回ギリシャでオリンピックを開催したいと強く希望した。しかしクーベルタンは、オリンピックの理想

古代オリンピック競技の想像図。

ピエール・ド・クーベルタン男爵（1863〜1937年）。

とする青少年に対するスポーツによる教育と世界平和の実現のためには、世界のさまざまな国でオリンピックを開催しなくてはいけないと考え、毎回開催地をかえるようはたらきかけた。その結果、オリンピックは現在のように世界の各地でおこなわれるようになった。

オリンピック・シンボル

オリンピック旗にえがかれている5つの輪がつながるように組み合わされたマークを「オリンピック・シンボル」という。5つの輪は左から青、黄、黒、緑、赤の順。この5色と背景の白の合計6色で、世界中の国旗のほとんどがえがけることから、「世界は一つ」という意味をこめて、クーベルタンが1914年につくった。5つの輪は世界の五大陸をあらわし、全世界の人々が集い、友情をはぐくんで協力しあい、結ばれることという思いがこめられている。ただし、どの色がどの大陸をしめしていると決まっているわけではない。

日本のオリンピック参加と嘉納治五郎

1908年ロンドン大会の翌年、東京高等師範学校（現在の筑波大学）の校長だった嘉納治五郎のところに、フランス大使館から「国際オリンピック委員会（IOC）の委員になってほしい」という話がきた。当時IOC会長だったクーベルタンが、アジアからのオリンピック参加を望んでいたため、日本にいるフランス大使を通じて、嘉納に伝えたのである。「講道館」を設立し、柔道を通じて青少年の心身の

東京都文京区の占春園に立つ嘉納治五郎（1860〜1938年）の像。

教育を実践していた嘉納は、オリンピックのめざす考えに共感してアジア初のIOC委員を引き受けた。そして、1912年第5回ストックホルム大会で、日本はオリンピック初参加をはたした。嘉納はそのとき、選手団長をつとめている。嘉納はその後、オリンピックの日本での開催に力をそそぎ、ついに1940年東京大会の決定に成功。だが1938年、嘉納はIOC総会からの帰りの船上で亡くなり、その後戦争の拡大のため、1940年東京大会は返上・中止になった。ただ、日本のスポーツの国際化に大きな道を開いた嘉納の功績は、おおいにたたえられている。

日本でのオリンピック開催

1940年の東京大会は開催にいたらず、第二次世界大戦の後におこなわれた1948年ロンドン大会には、敗戦国の日本は参加がみとめられなかった。そして1952年、オスロ冬季大会に日本は戦後初参加するとともに、1960年の東京オリンピック招致に名乗りをあげた。この1960年大会はイタリアのローマで開催されることになったが、その4年後の1964年にふたたび招致に立候補し、ついにオリンピックの東京開催が決まったのである。

1964年東京大会は大成功し、戦争からの復興を世界にしめした。次に日本は、1972年札幌冬季大会を開催。さらに1998年には長野冬季大会を開催した。そして2020年、2度目の夏季大会が東京でおこなわれる。

1964年東京オリンピック開会式の日本選手団入場。

夏季

1896年 ギリシャ
第1回 アテネ大会

- ●開催期間　1896年4月6日〜15日
- ●競技数　8　●種目数　43
- ●参加国(地域)数　14
- ●参加選手数　241人
- ●日本の参加選手数　0人
- ●日本の獲得メダル数　金0　銀0　銅0

盛りあがった第1回大会

古代オリンピックが開催されたギリシャで、近代オリンピックの第1回大会がおこなわれた。

陸上競技、水泳、レスリング、体操、射撃、フェンシング、テニス、自転車の8競技が実施された。選手は男子のみで、優勝者には銀メダル、2位には銅メダル、3位にはメダルがなかった。もっとも盛りあがったのは、地元ギリシャ出身のスピリドン・ルイスが優勝をはたしたマラソン。

大会には14の国（オーストラリア、オーストリア、ブルガリア、チリ、デンマーク、フランス、ドイツ、イギリス、ギリシャ、ハンガリー、イタリア、スウェーデン、スイス、アメリカ）から選手が参加したが、国ごとではなく個人での参加だった。

当時の表彰式では選手がメダルなどを王族にいただきにいった。

パナシナイコ競技場でおこなわれた開会式。

1900年 フランス
第2回 パリ大会

- ●開催期間　1900年5月14日〜10月28日
- ●競技数　16　●種目数　95
- ●参加国(地域)数　24
- ●参加選手数　997人
- ●日本の参加選手数　0人
- ●日本の獲得メダル数　金0　銀0　銅0

万国博覧会の付属大会

パリ万国博覧会にあわせて開催された大会。独自の開会式はおこなわれず、盛りあがりに欠ける大会となった。会期は5か月にわたった。第1回大会とはことなり、女子選手の参加がみとめられた。一部競技では賞金が支給されるというオリンピックらしくない大会だった。

この大会のみメダルは四角形だった。

1904年 アメリカ
第3回 セントルイス大会

- ●開催期間　1904年7月1日〜11月23日
- ●競技数　16　●種目数　95
- ●参加国(地域)数　12
- ●参加選手数　651人
- ●日本の参加選手数　0人
- ●日本の獲得メダル数　金0　銀0　銅0

アメリカがメダル独占

初めてヨーロッパ以外の場所で開催された大会。開催国アメリカの選手が全参加選手の約4分の3をしめ、全体の90％以上のメダルをアメリカが獲得する結果となった。この大会から、1位に金メダル、2位に銀メダル、3位に銅メダルがあたえられるようになった。

今はおこなわれていない立ち高跳び。

1908年 イギリス
第4回 ロンドン大会

- 開催期間　1908年4月27日〜10月31日
- 競技数　23　●種目数　110
- 参加国（地域）数　22
- 参加選手数　2008人
- 日本の参加選手数　0人
- 日本の獲得メダル数　金0　銀0　銅0

国・地域での参加開始

初めて国・地域ごとの参加となり、開会式では国・地域のアルファベット順に入場行進がおこなわれた。競技の勝敗をめぐりイギリスとアメリカが対立したことから「参加することに意義がある」という大会スローガンが誕生。オリンピック初の冬季競技であるフィギュアスケートが実施された。

国・地域ごとの入場行進は初めて。

1912年 スウェーデン
第5回 ストックホルム大会

- 開催期間　1912年5月5日〜7月27日
- 競技数　15　●種目数　102
- 参加国（地域）数　28
- 参加選手数　2407人
- 日本の参加選手数　2人
- 日本の獲得メダル数　金0　銀0　銅0

日本が大会に初参加

競技種目やルールの整備が進み、近代オリンピックの基礎ができあがったといわれる大会。初めて日本から2人の選手が参加し、「NIPPON」と書かれたプラカードをかかげて入場行進した。この大会から、建築、彫刻、絵画、文学、音楽でメダルをきそう芸術競技が始まった。

日本選手団の入場。プラカードをもつのは金栗四三。

第1回アテネ大会の次は……？

万国博覧会の付属大会

初期のオリンピック大会は、第2回大会から第4回大会までが万国博覧会の一部として開催され、それぞれの大会期間は約半年という長期におよんだ。とくに1900年第2回パリ大会と1904年第3回セントルイス大会は開会式もなく、万博会場のどこかでスポーツ大会がおこなわれ、いつのまにか終わっているという、現在のオリンピックからは考えられないものだった。1908年第4回ロンドン大会では開会式で初めて国別の入場行進がおこなわれ、日本が初参加した1912年第5回ストックホルム大会から、現在と同じような形になった。

中間オリンピック

じつは第3回大会と第4回大会の間に中間オリンピックという大会がおこなわれている。第1回アテネ大会で成功をおさめたギリシャは、毎回アテネで開催しようと言いはじめた。しかし、クーベルタンはオリンピックを国際的な競技大会とするため、世界の都市の持ちまわり開催を主張した。長い話し合いの結果、2つの案の間をとって正規の大会の中間年にアテネで大

フランスが優勝した1900年パリ大会の綱引き。

会を開催することになった。この中間大会は1906年4月22日から5月2日まで開催され、22か国から選手903人が参加した。この中間大会はIOCの公式記録には入らなかったが、第2回と第3回大会が万博の一部としておこなわれて不評だったこともあり、独立した競技大会としての評価は高い。

1920年 ベルギー
第7回 アントワープ大会

- ●開催期間　1920年4月20日〜9月12日
- ●競技数　23　●種目数　156
- ●参加国（地域）数　29
- ●参加選手数　2622人
- ●日本の参加選手数　15人
- ●日本の獲得メダル数　金0　銀2　銅0

オリンピック旗初登場

　第一次世界大戦で大きな被害を受けたベルギーを応援するため、ベルギーの都市で開催された大会。初めて5つの輪がえがかれたオリンピック・シンボルの旗がかかげられ、「平和の祭典」としての意義がしめされた。選手宣誓も初めて、ベルギーの選手によっておこなわれた。

初めてオリンピック旗が掲揚された。

1924年 フランス
第8回 パリ大会

- ●開催期間　1924年5月4日〜7月27日
- ●競技数　19　●種目数　126
- ●参加国（地域）数　44
- ●参加選手数　3088人
- ●日本の参加選手数　19人
- ●日本の獲得メダル数　金0　銀0　銅1

マイクロホンを初使用

　7万人収容のメインスタジアム、オリンピック初の選手村など、設備が大きく進歩した大会。マイクロホンが初めて使用され、競技場内での情報伝達がしやすく運営もスムーズになった。「空飛ぶフィンランド人」パーヴォ・ヌルミが陸上5冠を達成した。

オリンピック初の選手村。

1928年 オランダ
第9回 アムステルダム大会

- ●開催期間　1928年5月17日〜8月12日
- ●競技数　16　●種目数　109
- ●参加国（地域）数　46
- ●参加選手数　2883人
- ●日本の参加選手数　43人
- ●日本の獲得メダル数　金2　銀2　銅1

聖火、初めてともる

　近代オリンピックで初めて聖火がともった大会。この大会から陸上競技のトラックが1周400mと定められ、陸上競技と体操で女子選手の参加が解禁された。陸上三段跳びの織田幹雄が日本人初の金メダルに輝き、人見絹枝が日本女子初のメダル（銀）を獲得した。

日本人初の金メダルは三段跳びの織田幹雄。

1932年 アメリカ
第10回 ロサンゼルス大会

- ●開催期間　1932年7月30日〜8月14日
- ●競技数　16　●種目数　117
- ●参加国（地域）数　37
- ●参加選手数　1334人
- ●日本の参加選手数　131人
- ●日本の獲得メダル数　金7　銀7　銅4

水泳ニッポン、大活躍

　アメリカで2度目の夏季大会。10万人収容のメインスタジアムなど設備が充実し、陸上競技で写真判定が導入された。ただ1929年の世界恐慌※の影響で国々の経済状態が悪化したため、参加国数は前回大会よりもへった。そんななか、「水泳ニッポン」がメダル12個の大活躍。

現地で賞賛された西竹一の馬術（金メダル）。

※世界恐慌：世界同時に景気が悪くなること。

1936年 ドイツ
第11回 ベルリン大会

- 開催期間　1936年8月1日〜16日
- 競技数　21　　種目数　129
- 参加国(地域)数　49
- 参加選手数　3963人
- 日本の参加選手数　179人
- 日本の獲得メダル数　金6　銀4　銅10

ヒトラーの政治に利用された大会

オリンピックを利用して国力を見せつけようとたくらむドイツのナチス政府が、巨費を投じて大規模な選手村や豪華なスタジアムを建設し、開催した大会。首相のヒトラーは、自国の人種差別政策によりユダヤ人と黒人を大会から排除しようとしたが、世界の反対にあって断念。結果的に史上最多の参加者を集めて大会は盛りあがり、陸上4冠を達成したアメリカのジェシー・オーエンスをはじめ黒人の活躍もめだった。また、日本もメダル20個の活躍で存在感をみせた。

この大会では初めて聖火リレーがおこなわれ、ギリシャで採火された火がブルガリア、ユーゴスラビア、ハンガリー、オーストリア、チェコスロバキアを通って開催地に運ばれた。

初めておこなわれた聖火リレー。(ドイツ連邦公文書館)

ジェシー・オーエンスの走り幅跳び。

1940年幻の東京オリンピック

中止になった大会

初めて中止になったオリンピックは、1916年第6回ベルリン大会。第一次世界大戦の影響だった。そして次に中止になった大会は、1940年におこなわれる予定だった第12回東京大会だった。

この1940年は日本の初代の天皇とされる神武天皇の即位後2600年という記念の年として、当時の日本にとって特別な意味があった。そこでオリンピックを招致しようということになったのである。有力な候補だったローマ(イタリア)に勝つために、イタリアの首相ムッソリーニを説得してローマの立候補辞退をとりつけた。さらに多くの国々の票をかためて、1936年7月のIOC総会で東京はヘルシンキとの決戦投票に勝ち、第12回大会の開催権を獲得した。当時は同じ年の夏と冬の大会を一国で開催することができたため、日本は札幌での1940年冬季大会の開催も決めた。

東京大会返上

ところが、1937年に日中戦争がはじまり、世界が日本に対してきびしい目を向けはじめた。日本国内でも国の予算が戦争に使われて競技場の建設も進まないようになり、その翌年、大会の開催を返上したのである。第12回大会はヘルシンキでの開催が予定されたが、第二次世界大戦が始まったため、こちらも中止。4年後の1944年ロンドン大会も戦争の影響で中止になり、次におこなわれたオリンピックは1948年ロンドン大会。1936年ベルリン大会から12年ぶりの開催となった。

東京・駒沢(現在の世田谷区駒沢オリンピック公園)に建設予定だったオリンピックスタジアム(模型)。

1948年 イギリス
第14回 ロンドン大会

- ●開催期間　1948年7月29日～8月14日
- ●競技数　19　●種目数　136
- ●参加国(地域)数　59
- ●参加選手数　4104人
- ●日本の参加選手数　0人
- ●日本の獲得メダル数　金0　銀0　銅0

友情のオリンピック

第二次世界大戦による痛手が世界中で残るなか、各国が協力し合って開催が実現し「友情のオリンピック」とよばれた大会。参加選手は史上最多を記録し、アメリカが競泳男子全種目で金メダルをとるなど大活躍した。戦争の責任を問われたドイツと日本は、参加できなかった。

聖火リレーは継続されることになった。

1952年 フィンランド
第15回 ヘルシンキ大会

- ●開催期間　1952年7月19日～8月3日
- ●競技数　18　●種目数　149
- ●参加国(地域)数　69
- ●参加選手数　4955人
- ●日本の参加選手数　72人
- ●日本の獲得メダル数　金1　銀6　銅2

ソ連が大会初参加

24の世界記録が生まれ、スポーツ界が戦争の痛手から立ち直ったことがしめされた大会。ソ連が初参加し、メダル獲得数でアメリカに次ぐ2位に入る。また、チェコスロバキアのエミール・ザトペックが陸上長距離3冠をなしとげ「人間機関車」の異名をとった。日本も復帰した。

「人間機関車」ザトペック(先頭)。

1956年 オーストラリア
第16回 メルボルン大会

- ●開催期間　1956年11月22日～12月8日
- ●競技数　17(+1※)　●種目数　145(+6※)
- ●参加国(地域)数　72
- ●参加選手数　3314人
- ●日本の参加選手数　117(+2※)人
- ●日本の獲得メダル数　金4　銀10　銅5

※馬術(ストックホルム)

初めての南半球開催

史上初めて南半球でおこなわれた大会。オーストラリアは動物の検疫がきびしかったため、馬術のみスウェーデンのストックホルムで実施された。閉会式では初めて各国の選手がいっしょになって入場した。中国、スイス、オランダなどにより史上初のボイコットがおこなわれた大会でもある。

閉会式ではことなる国・地域の選手がまざりあって入場。

1960年 イタリア
第17回 ローマ大会

- ●開催期間　1960年8月25日～9月11日
- ●競技数　18　●種目数　150
- ●参加国(地域)数　83
- ●参加選手数　5338人
- ●日本の参加選手数　167人
- ●日本の獲得メダル数　金4　銀7　銅7

アフリカ初の金メダル

「現代と古代の調和」をテーマに、最新式のスタジアムを建設するとともに古代遺跡を利用して体操やレスリングをおこなうなど、歴史あるローマらしい工夫が話題となった。エチオピアのアベベ・ビキラがマラソンをはだしで走って優勝し、アフリカに初めての金メダルをもたらした。

はだしで優勝したマラソンのアベベ。

1964年 日本
第18回 東京大会

- ●開催期間　1964年10月10日～24日
- ●競技数　20　●種目数　163
- ●参加国(地域)数　93
- ●参加選手数　5152人
- ●日本の参加選手数　355人
- ●日本の獲得メダル数　金16　銀5　銅8

アジアで最初のオリンピック

人工衛星によるテレビ中継を世界の多くの人々が楽しむことができた初めてのオリンピック。第二次世界大戦からの日本の復興ぶりが注目され、史上初めて写真を主役に使ったポスターなどのデザインも世界から高く評価された。初めてのアジア開催だったが、中国は当時対立していた台湾がオリンピックに参加していることに反対して大会に参加せず、大会期間中に自国で核実験をおこなった。一方で、国が東西に分かれていたドイツは統一チームで参加した。

開会式では、日本代表選手団が赤いブレザーを着て入場行進。1945年8月6日原爆投下の日に広島県で生まれた坂井義則さんが最終聖火ランナーをつとめ、笑顔で聖火台に点火した。

初めて写真を使用した公式ポスター。

笑顔で聖火台に点火した坂井義則さん。

日本選手の活躍に国民熱狂

ウエイトリフティングの三宅義信の金メダルを皮切りに、開催国日本の選手たちが大あばれした。レスリングでは金5個、銅1個の活躍。この大会から正式競技となった柔道では、無差別級で神永昭夫がオランダのアントン・ヘーシンクに敗れて全階級制覇ができず、金3個、銀1個。体操男子では団体2連覇を達成し、個人総合を合わせて9個のメダルを獲得した。マラソンでは、円谷幸吉が銅メダルを獲得し、国立競技場に唯一の日の丸をかかげた。

国民の熱狂もすさまじく、「東洋の魔女」とよばれる日本女子バレーボールチームがソ連をやぶり金メダルを獲得した試合は、テレビ平均視聴率66.8％を記録した。

数々のドラマが生まれる

エチオピアのアベベ・ビキラはマラソン2連覇を達成。体操女子では、チェコスロバキアのベラ・チャスラフスカが個人総合など3種目で金メダルを獲得し、「東京の恋人」とよばれるほどの人気をほこった。

男子棒高跳びでは、アメリカのフレッド・ハンセンと西ドイツのヴォルフガング・ラインハルトが9時間にせまる史上最長の競技時間を通してしれつな金メダル争いを演じるドラマがあった。東西統一ドイツ選手団が合計50個ものメダルを獲得し、金メダル数でもアメリカ、ソ連、日本につぐ4位となった。

統一ドイツ旗。

閉会式で肩車される日本の福井誠旗手。その前のザンビアは開会式のときはイギリス領・北ローデシアとして入場。大会中に独立した。

1968年 メキシコ
第19回 メキシコシティ大会

- 開催期間　1968年10月12日〜27日
- 競技数　19　●種目数　172
- 参加国（地域）数　112
- 参加選手数　5516人
- 日本の参加選手数　183人
- 日本の獲得メダル数　金11　銀7　銅7

人種差別問題が浮上

空気抵抗の少ない標高2240mの高地でおこなわれたため、男子100mでジム・ハインズ（アメリカ）が「10秒の壁」をやぶる9秒9を記録するなど、陸上競技で多くの世界新記録が生まれた。アメリカの黒人選手が表彰式で人種差別への抗議行動をおこない、永久追放処分となった。人種差別政策をとっていた南アフリカの参加に多くの国が反対し、南アフリカは不参加。

陸上男子200m表彰式の人種差別抗議行動。

1972年 西ドイツ
第20回 ミュンヘン大会

- 開催期間　1972年8月26日〜9月11日
- 競技数　21　●種目数　195
- 参加国（地域）数　121
- 参加選手数　7134人
- 日本の参加選手数　182人
- 日本の獲得メダル数　金13　銀8　銅8

悲惨なテロ事件が発生

初の公式マスコット「バルディー」の登場、初の女子選手による選手宣誓、マーク・スピッツ（アメリカ）の競泳7冠など明るいニュースにめぐまれたが、選手村が襲撃されイスラエルの選手・コーチなど11人と警察官1人の計12人が犠牲になる悲惨な事件が発生。テロリスト5人も死亡。大会の警備が厳重化されるきっかけとなった。

悲惨なテロで多数の犠牲者がでた。

1976年 カナダ
第21回 モントリオール大会

- 開催期間　1976年7月17日〜8月1日
- 競技数　21　●種目数　198
- 参加国（地域）数　92
- 参加選手数　6084人
- 日本の参加選手数　213人
- 日本の獲得メダル数　金9　銀6　銅10

経済ピンチのなか開催

オイルショック※によって世界中の物価が上がり、大きな赤字が出た大会。数十年かかって市民の税金で赤字をうめた。また人種差別反対のためアフリカやアラブ諸国がボイコット。獲得メダル数では1位ソ連、2位は東ドイツ。アメリカは3位にとどまった。

10点満点を出したルーマニアのコマネチ。

1980年 ソビエト連邦
第22回 モスクワ大会

- 開催期間　1980年7月19日〜8月3日
- 競技数　21　●種目数　203
- 参加国（地域）数　80
- 参加選手数　5179人
- 日本の参加選手数　0人
- 日本の獲得メダル数　金0　銀0　銅0

冷戦の犠牲になった大会

東西冷戦下、初めて社会主義国で開催された大会。前年のソ連によるアフガニスタン侵攻に抗議し、アメリカを中心とした西側諸国の多くがボイコット。日本もそれに連なった。イギリス、ポルトガルなどは国旗をかかげず個人で参加。開会式では入場行進を拒否する国も多かった。

イギリスはボイコットしたがオリンピック委員会が派遣したセバスチャン・コー。陸上男子1500mで金メダルを獲得した。

※オイルショック：1970年代におこった原油価格が急に高くなったことによる世界経済の混乱。

1984年 アメリカ
第23回 ロサンゼルス大会

- 開催期間　1984年7月28日～8月12日
- 競技数　21　　●種目数　221
- 参加国(地域)数　140
- 参加選手数　6829人
- 日本の参加選手数　231人
- 日本の獲得メダル数　金10　銀8　銅14

「商業オリンピック」が大成功

モスクワ大会での**西側諸国**の参加ボイコットへの報復として、**ソ連**を中心に**東側諸国**がボイコット。逆に、モントリオール大会をボイコットしたアフリカ、アラブ諸国の多くが大会に復帰した。

大会はさまざまな利益を生み、大成功をおさめた。その理由は、ビジネスマンのピーター・ユベロスが組織委員会委員長となり、テレビ会社から放送権料を得たり、コカ・コーラなど民間会社からスポンサーをつのるなどして大会の商業化をはかったこと。この大会は「商業オリンピック」の始まりとして歴史に残り、以後さまざまな都市が大会開催地に立候補するようになった。

競技面では、アメリカのカール・ルイスが48年ぶりの陸上4冠を達成し、大スターになった。

大会を盛りあげたカール・ルイス。

民間の力で大会を成功に導いたユベロス。

1988年 韓国
第24回 ソウル大会

- 開催期間　1988年9月17日～10月2日
- 競技数　23　　●種目数　237
- 参加国(地域)数　159
- 参加選手数　8397人
- 日本の参加選手数　259人
- 日本の獲得メダル数　金4　銀3　銅7

3大会ぶりに東西諸国そろう

1964年の東京に続く、夏季ではアジア2都市目の開催となった大会。アメリカと**ソ連**が顔をそろえ、**東側・西側**の区別なく国々が参加した久しぶりの大会でもあった。ただし、北朝鮮は韓国での開催に反対し、ボイコットした。

この大会では、西ドイツのシュテフィ・グラフがプロ選手として初めて出場し、テニス女子シングルスで金メダルを獲得。東ドイツの競泳選手クリスティン・オットーは女子選手史上初の6冠を達成した。また、男子100mバタフライで南アメリカのスリナム共和国のアンソニー・ネスティが優勝。競泳で初めての黒人金メダリストとなった。

一方で、陸上男子100mでカール・ルイスをやぶったベン・ジョンソン(カナダ)がドーピング違反で失格となり、ドーピング問題が注目された。

金メダリストのシュテフィ・グラフ。

開会式では空からパラシュートで人が舞いおりてきた。

1992年 スペイン
第25回 バルセロナ大会

- ●開催期間　1992年7月25日〜8月9日
- ●競技数　25　●種目数　257
- ●参加国（地域）数　169
- ●参加選手数　9356人
- ●日本の参加選手数　263人
- ●日本の獲得メダル数　金3　銀8　銅11

ソ連崩壊でEUNが参加

1991年に連邦が崩壊した旧ソ連は、12の共和国がEUNという合同チームで参加。ユーゴスラビアから独立したばかりのボスニア＝ヘルツェゴビナ、クロアチア、スロベニアがそれぞれ国として参加し、紛争の続くユーゴスラビアの選手たちは個人で参加した。また、南アフリカがアパルトヘイト（人種隔離政策）撤廃の方針を固めたことで、32年ぶりに大会への参加を許された。

この大会ではEUNのビタリー・シェルボが史上初の体操男子6冠を達成。男子バスケットボールで初めてアメリカのプロリーグNBAからスター選手たちが出場し、「ドリームチーム」旋風を起こした。競泳女子200m平泳ぎで、日本の岩崎恭子が史上最年少の14歳で金メダルを獲得したことも話題になった。

パラリンピック選手がアーチェリーで聖火台に点火。

競泳史上最年少金メダリストの岩崎恭子。

1996年 アメリカ
第26回 アトランタ大会

- ●開催期間　1996年7月19日〜8月4日
- ●競技数　26　●種目数　271
- ●参加国（地域）数　197
- ●参加選手数　1万318人
- ●日本の参加選手数　310人
- ●日本の獲得メダル数　金3　銀6　銅5

平等な社会への願いをこめて

近代オリンピック100周年を記念して華やかに開催された大会。開会式では、人種差別と戦ったキング牧師の演説が映し出されたり、人種差別に反対したボクシングの英雄モハメド・アリ（アメリカ）がパーキンソン病に冒された手をふるわせながら聖火台への点火をおこなうなど、平等な社会への願いが強く打ち出されるものとなった。この大会には、パレスチナが初めて参加。またカンボジアが24年ぶりに参加した。

大会では、35歳になったカール・ルイスが走り幅跳び4連覇、マイケル・ジョンソン（アメリカ）が陸上短距離2冠を達成。だが期間中に2人の死者、100人以上の負傷者を出す爆破テロが発生し、これを機にオリンピックで一層テロ対策が重視されるようになった。

100周年を強く打ち出した開会式。

世界を感動させたモハメド・アリの聖火点火。

2000年 オーストラリア
第27回 シドニー大会

- 開催期間　2000年9月15日～10月1日
- 競技数　28　●種目数　300
- 参加国(地域)数　199
- 参加選手数　1万651人
- 日本の参加選手数　268人
- 日本の獲得メダル数　金5　銀8　銅5

「民族融和」めざし世界が1つに

　44年ぶりに南半球で開催された大会。199の国・地域のほか、インドネシアから独立し、当時国連に統治されていた東ティモールから4人の選手が個人参加した。大会のテーマは「民族融和」。大会ロゴマークにはオーストラリアの先住民族アボリジニのブーメランがえがかれ、開会式ではアボリジニのキャシー・フリーマンが聖火点火者をつとめた。また、韓国と北朝鮮がオリンピック史上初めて1つの旗のもとでおこなった入場行進も「民族融和」を象徴する光景だった。
　競技面ではフリーマンが陸上女子400mで金メダルを獲得したほか、開催国オーストラリアのイアン・ソープが競泳男子3冠。日本選手では、高橋尚子がマラソンで日本陸上女子初となる金メダルを獲得した。

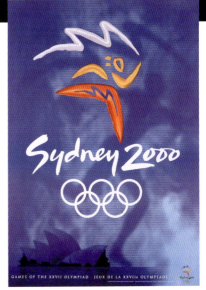

中央にブーメラン、その上に白いオペラハウス。

キャシー・フリーマンによる聖火点火。

2004年 ギリシャ
第28回 アテネ大会

- 開催期間　2004年8月13日～29日
- 競技数　28　●種目数　301
- 参加国(地域)数　201
- 参加選手数　1万625人
- 日本の参加選手数　312人
- 日本の獲得メダル数　金16　銀9　銅12

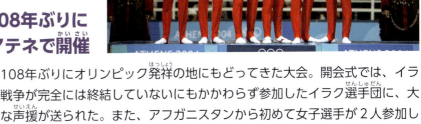

体操ニッポン復活。

108年ぶりにアテネで開催

　108年ぶりにオリンピック発祥の地にもどってきた大会。開会式では、イラク戦争が完全には終結していないにもかかわらず参加したイラク選手団に、大きな声援が送られた。また、アフガニスタンから初めて女子選手が2人参加した。
　競泳のマイケル・フェルプス（アメリカ）が1大会メダル8個の大記録を打ち立て、日本では28年ぶりの体操男子団体総合での金メダル、室伏広治のアジア初となる陸上投てき種目での金メダル、柔道男子60kg級で野村忠宏が初の3大会連続の金メダル、野口みずきが女子マラソンで日本選手2大会連続となる金メダルを獲得するなど多くの快挙にわいた。
　表彰式では古代オリンピックにならい、メダリストにオリーブの枝でつくられた冠が贈られた。

今でもマラソン女子日本最高記録をもつ野口みずき。

2008年 中国
第29回 北京大会

- 開催期間　2008年8月8日〜24日
- 競技数　28　　種目数　302
- 参加国（地域）数　204
- 参加選手数　1万942人
- 日本の参加選手数　339人
- 日本の獲得メダル数　金9　銀6　銅10

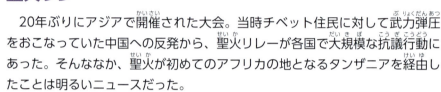
念願の金メダルを獲得した日本ソフトボールチーム。

トラブル続きの聖火リレー

20年ぶりにアジアで開催された大会。当時チベット住民に対して武力弾圧をおこなっていた中国への反発から、聖火リレーが各国で大規模な抗議行動にあった。そんななか、聖火が初めてのアフリカの地となるタンザニアを経由したことは明るいニュースだった。

大会は「鳥の巣」とよばれる新築のメインスタジアムなどで華々しくおこなわれ、中国がメダル獲得数でアメリカに次ぐ第2位の座につくなど国力をアピールした。

次の大会でおこなわれないことが決まっていたソフトボールでは、日本チームが悲願の金メダルに輝いた。競泳の北島康介が平泳ぎで2種目（100m、200m）2連覇をはたし、閉会式では日本選手団の旗手をつとめた。

天安門の前を走るマラソン選手たち。

2012年 イギリス
第30回 ロンドン大会

- 開催期間　2012年7月27日〜8月12日
- 競技数　26　　種目数　302
- 参加国（地域）数　204
- 参加選手数　1万568人
- 日本の参加選手数　293人
- 日本の獲得メダル数　金7　銀14　銅17

全競技で男女そろって活躍

これまでイスラム教の教えによって男子選手しか派遣してこなかったサウジアラビア、カタール、ブルネイから初めて女子選手が参加し、全参加国・地域から男女が出場した大会。競技でも、ボクシングに女子種目が加わり、全26競技に男女選手が参加した。

大会は陸上短距離のウサイン・ボルト（ジャマイカ）や競泳のマイケル・フェルプス（アメリカ）が金メダルを多数獲得。日本も女子レスリングの吉田沙保里と伊調馨がともにオリンピック3連覇。吉田は、開会式の旗手は金メダルがとれないというジンクスをやぶった。またボクシング男子で村田諒太がオリンピック初となるミドル級での金メダルに輝くなどの活躍があり、日本選手団は史上最多となる38個のメダル獲得をはたした。

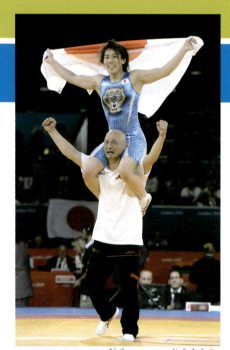
3連覇を達成した吉田沙保里。

金メダルを獲得した村田諒太。

2016年 ブラジル
第31回 リオデジャネイロ大会

- 開催期間　2016年8月5日〜21日
- 競技数　28　●種目数　306
- 参加国(地域)数　207
- 参加選手数　1万1238人
- 日本の参加選手数　338人
- 日本の獲得メダル数　金12　銀8　銅21

個人競技女子初の4連覇をはたした伊調馨。

難民選手団に大きな拍手

　南アメリカ大陸で初めて開催された大会。コソボと南スーダンが初参加し、また史上初めて、国際紛争などで祖国をはなれ難民となったシリア、コンゴ民主共和国、エチオピア、南スーダンの選手たち10人が難民選手団として出場した。

　大会前にはロシアで大がかりなドーピング問題が発覚し、陸上競技、ウエイトリフティングなど、100人以上の選手が出場停止になった。またブラジル経済の悪化、治安の悪さや衛生面などが不安視されたが、大きなトラブルはなく大会は無事終了した。

　競技では、ウサイン・ボルト(ジャマイカ)が陸上男子100mと200mで3連覇。レスリング女子の伊調馨は、全競技を通じて女子初となる個人4連覇を達成した。閉会式では日本の安倍晋三首相が人気ゲームキャラクターの「マリオ」姿で登場。オリンピック旗がリオデジャネイロ市長から、次の開催地・東京の小池百合子都知事に手渡された。

閉会式でおこなわれた次回開催地東京のパフォーマンス。

2020年 日本
第32回 東京大会

- 会期　2020年7月24日〜8月9日(予定)
- 競技数　33　●種目数　339

日本の伝統色・藍色の市松模様で構成されたエンブレム。

男女混合種目がふえる

　1998年長野冬季大会以来、日本で22年ぶりに開催されるオリンピック。また夏季大会としては1964年東京大会以来56年ぶりで、アジアでは初めて同一都市での複数回開催となる。

　この大会から大会限定の追加競技をもうけることができるようになり、野球・ソフトボール、空手、スケートボード、スポーツクライミング、サーフィンの5競技を加えて実施される。また、柔道の男女混合団体戦など、男女混合の新種目が複数仲間入りする。

　開会式・閉会式や陸上競技に使われるメインスタジアムは、2020年までに新設される新国立競技場。このほか新設される競技場と、日本武道館や国技館、国立代々木競技場など1964年東京大会で競技が実施された歴史ある会場をふくむ42会場を使って競技がおこなわれる。

1000日前を記念してイベントがおこなわれた。

冬季

1924年 フランス
第1回 シャモニー・モンブラン大会

- 開催期間　1924年1月25日〜2月5日
- 競技数　4　　●種目数　16
- 参加国(地域)数　16
- 参加選手数　258人
- 日本の参加選手数　0人
- 日本の獲得メダル数　金0 銀0 銅0

初めての冬季大会

記念すべき第1回冬季大会では、スキー、スケート、アイスホッケー、ボブスレーが実施され、北ヨーロッパの国々の圧勝だった。参加選手のほとんどは男子で、女子はフィギュアスケートの11名のみ。試験的におこなわれたこの大会の成功によって、冬季大会が継続されることとなった。

開会式前のシャモニー・モンブラン。

1928年 スイス
第2回 サン・モリッツ大会

- 開催期間　1928年2月11日〜19日
- 競技数　5　　●種目数　14
- 参加国(地域)数　25
- 参加選手数　464人
- 日本の参加選手数　6人
- 日本の獲得メダル数　金0 銀0 銅0

暖冬に悩まされた

暖冬のため、日中に気温が上がってリンクの氷がとけてしまい、スピードスケート10000mではレースが続けられずに中止となる事態に。またボブスレーでは試合のラウンド数をへらすなどの対策がとられた。日本は6人のスキー選手で、冬季大会初出場をはたした。

冬季大会に日本選手団が初出場。

1932年 アメリカ
第3回 レークプラシッド大会

- 開催期間　1932年2月4日〜15日
- 競技数　4　　●種目数　14
- 参加国(地域)数　17
- 参加選手数　252人
- 日本の参加選手数　17人
- 日本の獲得メダル数　金0 銀0 銅0

アメリカで初開催

ヨーロッパ以外の国で、初めて開催された冬季大会。移動距離の問題から前回大会より参加選手が半減した結果、開催国のアメリカがメダル獲得数第1位となった。日本が初めて参加したスピードスケートでは、アメリカ式のいっせいスタートが取り入れられたため、ヨーロッパの国々から抗議の声があがった。

日本選手が初めてスピードスケートに出場。

1936年 ドイツ
第4回 ガルミッシュ・パルテンキルヘン大会

- 開催期間　1936年2月6日〜16日
- 競技数　4　　●種目数　17
- 参加国(地域)数　28
- 参加選手数　646人
- 日本の参加選手数　34人
- 日本の獲得メダル数　金0 銀0 銅0

オリンピック日本人最年少出場

ナチス政府が、国の威力を強くアピールするため巨費を投じて開催し、開会宣言は首相ヒトラーがおこなった。ノルウェーが、獲得メダル数第1位の座に返り咲いた。日本からは、冬季大会初の女子選手として12歳（小学6年生）の稲田悦子がフィギュアスケート女子シングルに出場した。

右から2番目が稲田悦子。

1948年 スイス
第5回 サン・モリッツ大会

- 開催期間　1948年1月30日〜2月8日
- 競技数　5　　●種目数　22
- 参加国(地域)数　28
- 参加選手数　669人
- 日本の参加選手数　0人
- 日本の獲得メダル数　金0　銀0　銅0

12年ぶりの冬季大会

1940年には札幌大会（日本）、1944年コルティナダンペッツォ大会（イタリア）が、第二次世界大戦の影響で中止となったため、12年ぶりの冬季大会となった。なお日本とドイツは、戦争責任を問われて参加をみとめられなかった。アイスホッケーではアメリカが2つのチームを派遣してトラブルになった。

開会式。日本は参加していない。

1952年 ノルウェー
第6回 オスロ大会

- 開催期間　1952年2月14日〜25日
- 競技数　4　　●種目数　22
- 参加国(地域)数　30
- 参加選手数　694人
- 日本の参加選手数　13人
- 日本の獲得メダル数　金0　銀0　銅0

本場の北ヨーロッパで初開催

冬季スポーツ発祥の地である北ヨーロッパで、初めて開催された冬季大会。連日にぎわい、スキージャンプ競技には多数の観客が集まった。また冬季大会として初の聖火リレーがおこなわれた。ドイツは西ドイツ（3巻32ページ）のみ参加が許可され、日本もこの大会からオリンピックに復帰した。

冬季大会初の聖火リレーがおこなわれた。

冬季オリンピックの誕生

冬季競技の実施

冬季競技が初めてオリンピックに登場したのは、1908年のロンドン大会。夏季大会にもかかわらず、フィギュアスケートがおこなわれたのだ。ロンドンにヨーロッパ初の室内人工リンクができたため、これが可能になった。1920年のアントワープ大会でもフィギュアスケートとアイスホッケーがおこなわれている。こうしたことから冬季大会開催への流れが生まれた。

ところが、フランス、カナダ、スイスのIOC委員が冬季オリンピックの開催に賛成したものの、ノルディックスキーを「国技」としていたノルウェーと、となりのスウェーデンが強く反対。「元祖」である自分たちからノルディックスキーがオリンピックに取り上げられてしまう、という感情的なものがあったようだ。そこで1922年6月のIOC総会で「試験的」に冬季大会を開くことが決定された。

成功した第1回大会

決定からわずか1年半後となる1924年にシャモニー・モンブラン（フランス）で、冬季大会が「試験的」に開催され、ス

第1回大会のボブスレー。現在とはかなり形がちがう。

キー、スケート、アイスホッケー、ボブスレーがおこなわれた。参加選手はほとんどが男子で、女子は11名がフィギュアスケートに出場したのみだった。結果は、冬季オリンピック開催に反対していたノルウェーをはじめとする北ヨーロッパの国々が圧勝した。

スキーではノルディック複合とジャンプの両方でノルウェーがメダルを独占。ノルウェーのトルライフ・ハウグはクロスカントリー2種目とノルディック複合で3冠に輝いた。スピードスケートではフィンランドのクラス・ツンベルクが金メダル3個、銀メダル1個、銅メダル1個を獲得。大会の成功を受けてIOCはこの大会を第1回冬季大会としてみとめ、冬季大会の継続を決定した。

1956年 イタリア
第7回 コルティナダンペッツォ大会

- ●開催期間　1956年1月26日～2月5日
- ●競技数　4　●種目数　24
- ●参加国(地域)数　32
- ●参加選手数　821人
- ●日本の参加選手数　10人
- ●日本の獲得メダル数　金0　銀1　銅0

初参加のソ連が大活躍

獲得メダル数第1位となったのは、冬季大会初参加をはたしたソ連。オーストリアのトニー・ザイラーが、男子アルペンスキーの「回転・大回転・滑降」を制して史上初の3冠を達成した。猪谷千春が男子回転で銀メダルを獲得し、日本初の冬季大会メダリストとなった。

日本の冬季大会初のメダリスト猪谷千春。

1960年 アメリカ
第8回 スコーバレー大会

- ●開催期間　1960年2月18日～28日
- ●競技数　4　●種目数　27
- ●参加国(地域)数　30
- ●参加選手数　665人
- ●日本の参加選手数　41人
- ●日本の獲得メダル数　金0　銀0　銅0

バイアスロンが正式競技に

アメリカの大富豪アレクサンドル・クッシングが、「自分の土地でオリンピックを開きたい」と、すべての施設を私財で建設した。開会式を演出したのは、ウォルト・ディズニー。この大会からバイアスロンが正式競技となり、スピードスケートには女子種目が加わった。

ディズニー演出の開会式。

1964年 オーストリア
第9回 インスブルック大会

- ●開催期間　1964年1月29日～2月9日
- ●競技数　6　●種目数　34
- ●参加国(地域)数　36
- ●参加選手数　1091人
- ●日本の参加選手数　48人
- ●日本の獲得メダル数　金0　銀0　銅0

参加選手が1000人を突破

冬季大会で初めて、参加選手が1000人をこえた。スキージャンプ90m級やリュージュが初めておこなわれるなど2競技7種目ふえ、競技内容も充実度を増した。アルプスの山々にかこまれたジャンプ台を使った開会式が好評だった。

ジャンプ競技場でおこなわれた開会式。

1968年 フランス
第10回 グルノーブル大会

- ●開催期間　1968年2月6日～18日
- ●競技数　6　●種目数　35
- ●参加国(地域)数　37
- ●参加選手数　1158人
- ●日本の参加選手数　62人
- ●日本の獲得メダル数　金0　銀0　銅0

地元のキリーがアルペンスキー3冠

第1回大会以来、44年ぶりのフランス開催。男子アルペンスキーで地元フランスのジャン＝クロード・キリーが3冠を達成し、大会のヒーローになった。男子スピードスケートでは、世界新記録やオリンピック新記録が相次いだ。記録映画「白い恋人たち」も大ヒットした。

映画やテレビにも出演したキリー。

1972年 日本
第11回 札幌大会

- 開催期間　1972年2月3日〜13日
- 競技数　6　　種目数　35
- 参加国(地域)数　35
- 参加選手数　1006人
- 日本の参加選手数　90人
- 日本の獲得メダル数　金1　銀1　銅1

「日の丸飛行隊」が表彰台を独占

　日本の冬季大会史上初となる金メダルをもたらしたのは、スキージャンプ70m級(現在のノーマルヒル)の笠谷幸生。同種目では笠谷が1位、金野昭次が2位、青地清二が3位と、日本の3選手が金・銀・銅メダルを獲得し、表彰台を独占するという快挙をなしとげた。このときから、日本のジャンプ陣が「日の丸飛行隊」とよばれるようになった。
　開催国の日本は90名の選手でいどみ、リュージュやノルディック複合個人でも入賞をはたすなど、健闘が光った。

開会式で聖火トーチを持って入場した辻村いずみさん。高校1年生だった。

滑降コースがつくられた恵庭岳。

アジア初の冬季大会を日本で開催

　1940年に、東京での夏季大会と同年の開催が決定していた札幌での冬季大会は、日中戦争を受けて日本政府が返上したため、幻となった。それから32年の時を経て、アジアで初となる冬季大会がついに札幌で開催された。開会式は、晴天のもと真駒内屋外競技場でおこなわれ、冬季大会初参加の中華民国(台湾)とフィリピンをふくむ35の国と地域が参加し、6競技35種目が実施された。
　なお滑降コースの建設にあたっては、自然破壊として反対する声もあがったが、大会後に施設を撤去して植林などに取り組むことを条件にコースがつくられた。現在は元の自然にほぼ回復している。このころより、「環境との共存」がオリンピックで重視されるようになっていった。

大会を盛りあげた世界の選手たち

　フィギュアスケート女子シングルで、17歳で銅メダリストとなったアメリカのジャネット・リンが、抜群の表現力や力強い連続ジャンプで観客を魅了し、「札幌の恋人」「銀盤の妖精」のニックネームで大人気となった。
　オランダのアルト・シェンクは、スピードスケート男子の4種目中1500m、5000m、10000mで優勝して3つの金メダルを獲得し、「氷上の巨人」とよばれた。

表彰台を独占した「日の丸飛行隊」。

しりもちをついても笑顔だったジャネット・リン。

1976年 オーストリア
第12回 インスブルック大会

- ●開催期間　1976年2月4日〜15日
- ●競技数　6　●種目数　37
- ●参加国(地域)数　37
- ●参加選手数　1123人
- 日本の参加選手数　57人
- ●日本の獲得メダル数　金0　銀0　銅0

開催地が変更に

当初はアメリカのデンバーで開催される予定だったが、環境破壊や財政の問題などで住民が反対し、大会を返上。1964年大会の施設を再利用できるとして、かわりにインスブルックが選ばれた。開会式では12年前に使用された聖火台と新しい聖火台の2つに聖火が点火された。

前回と今回の聖火台2か所に聖火が点火された。

1980年 アメリカ
第13回 レークプラシッド大会

- ●開催期間　1980年2月13日〜24日
- ●競技数　6　●種目数　38
- ●参加国(地域)数　37
- ●参加選手数　1072人
- ●日本の参加選手数　50人
- ●日本の獲得メダル数　金0　銀1　銅0

開催国アメリカの活躍

地元アメリカのエリック・ハイデンが、スピードスケート全5種目を制して史上初の5冠を達成。この快挙で、「パーフェクト・ゴールドメダリスト」とよばれた。男子アイスホッケーでは、アメリカチームが金メダルを獲得。中国が、冬季大会に初出場をはたした。

5種目完全制覇したハイデン。

1984年 ユーゴスラビア
第14回 サラエボ大会

- ●開催期間　1984年2月8日〜19日
- ●競技数　6　●種目数　39
- ●参加国(地域)数　49
- ●参加選手数　1272人
- ●日本の参加選手数　39人
- ●日本の獲得メダル数　金0　銀1　銅0

社会主義国で初めての開催

社会主義国初の冬季大会。東ドイツとソ連が多くのメダルを獲得した。それまで6位までだった入賞枠が8位に変更。フィギュアスケートのアイスダンスでは、イギリスのトービル・ディーン組が、審査員全員が芸術点で6点満点を出す演技で金メダルに輝いた。北沢欣浩が日本スピードスケート史上初のメダリスト（銀）となった。

世界が感動したトービルとディーンの演技。

1988年 カナダ
第15回 カルガリー大会

- ●開催期間　1988年2月13日〜28日
- ●競技数　6　●種目数　46
- ●参加国(地域)数　57
- ●参加選手数　1423人
- ●日本の参加選手数　48人
- ●日本の獲得メダル数　金0　銀0　銅1

会期が16日間に延長

開催期間が4日延長され、夏季大会と同じ16日間となった。フィンランドのマッチ・ニッカネンが個人70m級・90m級、団体で金メダルを獲得して、スキージャンプ史上初の3冠を達成。スピードスケート競技が、冬季大会で初めて屋内リンクでおこなわれた。

カルガリータワーの上に聖火がともった。

1992年 フランス
第16回 アルベールビル大会

- 開催期間　1992年2月8日～23日
- 競技数　6　　種目数　57
- 参加国(地域)数　64
- 参加選手数　1801人
- 日本の参加選手数　63人
- 日本の獲得メダル数　金1　銀2　銅4

旧ソ連のEUNが好成績

夏季大会と同じ年に開催された、最後の冬季大会。また、スピードスケート競技を屋外のリンクで実施したのは、この大会が最後となった。開会式は、夏・冬のオリンピックを通じて、初めて夜におこなわれた。

開催直前の1991年12月にソビエト連邦が崩壊し、旧ソ連のうちロシア、ウクライナ、ベラルーシ、カザフスタン、ウズベキスタン、アルメニアの6か国の選手が、EUNという統一チームで参加した。開会式と表彰式ではオリンピック旗が使われ、国歌演奏ではオリンピック讃歌を使用。EUNは9個の金メダルをふくむ23個のメダルを獲得し、国・地域別順位でドイツに次ぐ第2位の好成績だった。日本はノルディック複合団体で金メダル。伊藤みどりがフィギュアスケート日本初のメダリスト（銀）となった。

伊藤みどりは冬季大会日本女子2人目のメダリスト。この大会での橋本聖子のスピードスケート女子1500m銅メダルが1人目。

金メダルを獲得したノルディック複合団体のアンカーは荻原健司。

1994年 ノルウェー
第17回 リレハンメル大会

- 開催期間　1994年2月12日～27日
- 競技数　6　　種目数　61
- 参加国(地域)数　67
- 参加選手数　1737人
- 日本の参加選手数　65人
- 日本の獲得メダル数　金1　銀2　銅2

環境にやさしいオリンピック

これまでオリンピックは、4年ごとのうるう年に夏季大会と冬季大会をそれぞれ開催していたが、この大会からは2年ごと交互の開催となった。そのため、冬季大会の開催が2年早まり、前大会からわずか2年後におこなわれた。

北緯61度のリレハンメルは、これまでのオリンピックでもっとも北に位置する開催地。「環境にやさしいオリンピックを」というスローガンをかかげ、環境に配慮して大会が運営され、高い評価を受けた。

10年前の冬季大会開催地であるサラエボ（旧ユーゴスラビア、現在のボスニア・ヘルツェゴビナ）の内戦に思いをよせて、フィギュアスケート女子シングルでドイツのカタリナ・ビットが反戦歌「花はどこへ行った」に合わせてフリーの演技をおこない、観客から大きな拍手が贈られた。

スキージャンプ競技場でおこなわれた開会式。

人々を感動させたカタリナ・ビット。

1998年 日本
第18回 長野大会

- 開催期間　1998年2月7日〜22日
- 競技数　7　　種目数　68
- 参加国(地域)数　72
- 参加選手数　2176人
- 日本の参加選手数　166人
- 日本の獲得メダル数　金5　銀1　銅4

マスコットのスノーレッツが大人気。

日本で2度目の冬季オリンピック

　1972年札幌大会以来、26年ぶり2度目となる、日本で開催された冬季大会。北緯36度の長野は、歴代冬季大会開催地の中で、もっとも南の場所だ。長野市を中心に、軽井沢町、野沢温泉村、山ノ内町、白馬村に競技会場が配置された。「美しく豊かな自然との共存」を基本理念として、リサイクル可能な食器を使用するなど環境に配慮した試みがなされた。

　この大会には、72の国と地域が参加した。注目されたのが、「一校一国運動」。長野市内の小・中・特別支援学校の各校が、オリンピックに参加する各国を応援し、その国の文化や言葉を勉強して選手団と交流する活動だ。継続的な国際理解や親善につながる工夫として高く評価された。

　開会式では長野県諏訪地方の大祭「御柱祭」の再現、大相撲力士の土俵入りなど、力強い日本の伝統が披露された。4羽のフクロウをモチーフにしたマスコット「スノーレッツ」が大きな人気をよんだ。

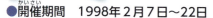

子どもたちと各国の選手が交流した一校一国運動。

スピードスケートで世界記録続出

　この大会からはカーリングが正式競技として復活し、スノーボードのハーフパイプと大回転の2種目が採用された。

　スピードスケートでは、かかと部分のブレードがバネではなれるタイプのスラップスケートが前年に登場してからタイムが一気に縮まり、好記録が続出。男子5000mでは、メダリスト3選手全員がこれまでの世界記録を上回った。

開会式でおこなわれた横綱・曙の土俵入り。

日本は5個の金メダルを獲得

　地元開催の大声援を受けて、日本選手の活躍がめだった。スピードスケート男子500mでは、清水宏保が日本スケート界初となる金メダルを獲得。フリースタイルスキー・女子モーグルの里谷多英が、冬季オリンピック日本女子選手初の金メダリストになった。またスキージャンプでは、船木和喜・岡部孝信・斎藤浩哉・原田雅彦のジャンプ陣がラージヒル団体で金メダルに輝いた(左写真)。この大会で日本は、金5個をふくむ計10個のメダルを獲得した。

日本中を元気にしたスキージャンプ・ラージヒル団体。左から、原田、岡部、斎藤、船木。

2002年 アメリカ
第19回 ソルトレークシティ大会

- 開催期間　2002年2月8日〜24日
- 競技数　7　●種目数　78
- 参加国(地域)数　77
- 参加選手数　2527人
- 日本の参加選手数　109人
- 日本の獲得メダル数　金0　銀1　銅1

厳重な警備のもとで開催

　21世紀および2000年代最初におこなわれた冬季大会。開催地のソルトレークシティは、標高約1300mと、冬季大会史上もっとも高い場所に位置する都市だ。
　前年の9月11日に起きたアメリカ同時多発テロ事件の影響によって、テロリズムを警戒する厳しい警備体制のなか、大会が運営された。開会式では、同時多発テロの中心地であるニューヨークのワールドトレードセンターの跡地から発見されたアメリカ国旗が掲揚された。
　ショートトラック男子1000m決勝で、はるか最後尾を滑っていたオーストラリアのスティーブン・ブラッドバリーが、前の4人全員の転倒によってラッキーな金メダルを獲得した。これは南半球の選手による冬季オリンピック初の金メダルとなった。

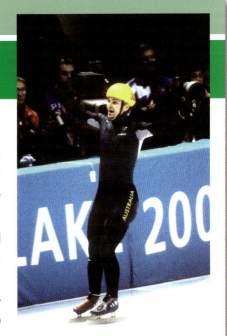
「たなからぼたもち」のブラッドバリー。

テロ現場で発見された星条旗が入場。

2006年 イタリア
第20回 トリノ大会

- 開催期間　2006年2月10日〜26日
- 競技数　7　●種目数　84
- 参加国(地域)数　80
- 参加選手数　2508人
- 日本の参加選手数　112人
- 日本の獲得メダル数　金1　銀0　銅0

第20回となる記念の大会

　イタリアでのオリンピック開催は、冬季の1956年コルティナダンペッツォ大会、夏季の1960年ローマ大会に次いで3度目。例年と比べて降雪量が少なく、開催前には雪不足が心配され、基本的に人工雪によってゲレンデのコース整備が進められた。
　開会式には地元の自動車メーカー・フェラーリのF1マシンが登場。フィナーレでは、世界三大テノールの1人であるルチアーノ・パヴァロッティが、オペラ「トゥーランドット」の「誰も寝てはならぬ」を歌った。フィギュアスケート女子シングルで金メダルに輝いた荒川静香は、フリーの演技でこの曲を使用した。
　メダルは、イタリアのピアッツァ（広場）を表すドーナツ型が採用された。

この大会で日本が獲得した唯一のメダルは荒川静香の金。

開会式に登場したフェラーリのF1マシン。

2010年 カナダ
第21回 バンクーバー大会

- ●開催期間　2010年2月12日〜28日
- ●競技数　7　●種目数　86
- ●参加国(地域)数　82
- ●参加選手数　2566人
- ●日本の参加選手数　94人
- ●日本の獲得メダル数　金0　銀3　銅2

世界同時不況下での開催

夏季の1976年モントリオール大会、冬季の1988年カルガリー大会以来、3度目となるカナダでのオリンピック。開会式は、夏・冬をふくめ史上初めて屋内でおこなわれた。フリースタイルスキーでは、男女のスキークロスが追加された。例年の平均気温を4℃ほど上回ったうえに雪がふらず、フリースタイルスキーの会場には、ヘリコプターで雪が運びこまれるほどだった。

日本の選手では、フィギュアスケート女子シングルで浅田真央に金メダルの期待がかかっていたが、トリプルアクセルジャンプを成功させたものの、銀メダルに終わった。男子シングルでは髙橋大輔が日本フィギュア男子初の冬季オリンピックのメダル（銅）を獲得した。

開会式では5本の氷柱に聖火がともる予定だったが機械の故障で4本になった。

銀メダルに涙した浅田真央。

2014年 ロシア
第22回 ソチ大会

- ●開催期間　2014年2月7日〜23日
- ●競技数　7　●種目数　98
- ●参加国(地域)数　88
- ●参加選手数　2780人
- ●日本の参加選手数　113人
- ●日本の獲得メダル数　金1　銀4　銅3

ロシア初の冬季大会

ロシアで初めておこなわれた冬季大会。新種目として、フィギュアスケート団体、スキージャンプ女子、フリースタイルスキーのハーフパイプ、スノーボードのスロープスタイルなどが採用された。

開催国ロシアは33個のメダルを獲得したが、その後、組織ぐるみの大規模なドーピングが発覚。違反した選手は、メダル剥奪や永久追放処分となっている。

競技ではスピードスケートでオランダが大活躍。男女36個のメダルのうち23個がオランダの選手たちのものとなった。

日本は羽生結弦がフィギュアスケートで、日本男子シングル初の金メダルを獲得。オリンピック7度目の出場となる41歳の葛西紀明は、スキージャンプ・ラージヒル個人で銀メダル、団体では銅メダルを獲得、レジェンドとよばれた。

スピードスケートで圧倒的な強さをみせたオランダ。

フィギュア日本男子初の金メダルに輝いた羽生結弦。

2018年 韓国
第23回 平昌（ピョンチャン）大会

- 開催期間　2018年2月9日〜25日
- 競技数　7　●種目数　102
- 参加国（地域）数　92（個人参加をふくまず）
- 参加選手数　2833人
- 日本の参加選手数　124人
- 日本の獲得メダル数　金4　銀5　銅4

最多の7競技102種目

韓国では夏季の1988年ソウル大会以来のオリンピックで、冬季大会は初開催。新種目として、アルペンスキー混合団体、スノーボードのビッグエア、スピードスケートのマススタート、カーリングの混合ダブルスが採用され、冬季大会史上もっとも多い7競技102種目が実施された。

この地域の2月の平均最低気温は約−11℃と寒さがきびしいが、積雪量は年々へっており、雪上競技会場は人工雪がメインとなった。また隣国の北朝鮮は核実験やミサイル発射実験などの問題があり参加が危ぶまれたが、管弦楽団をともなって参加した。

なお、ドーピング問題によってロシア選手団の参加はみとめられず、個人資格での出場となった。

日本は羽生結弦がフィギュアスケート男子シングルで2大会連続の金。スピードスケート女子500mで小平奈緒、女子マススタートで髙木菜那、さらに女子チームパシュートで金メダルを獲得した（メダル獲得者は40ページ）。

韓国唯一のスキージャンプ台。

マスコットは白い虎の「スホラン」。

2022年 中国
第24回 北京（ペキン）大会

- 会期　2022年2月4日〜20日（予定）

3大会連続のアジア開催

2022年の冬季大会は、北京で開催予定。夏季は2008年北京大会をおこなったため、史上初めて夏・冬両大会でオリンピック開催都市となる。2018年平昌大会に続いて冬季大会では2大会連続、夏季の2020年東京大会をふくめると、アジアでのオリンピック開催は3大会連続となる。

2008年夏季大会の水泳会場で2022年にはカーリングがおこなわれる予定。

2026年と2030年冬季大会の開催地

2度目の札幌オリンピックの行方は？

2019年6月の国際オリンピック委員会（IOC）総会で、札幌市が断念した2026年冬季大会の開催地として、イタリアのミラノ・コルティナダンペッツォが選ばれた。そこで気になるのはその4年後2030年の冬季大会開催地の行方だ。

日本で初めての冬季オリンピックは1972年札幌大会。2度目の冬季大会は1998年長野大会。そして3度目として、札幌市が2026年の冬季大会招致にむけて動き出した。だが、冬季オリンピックの開催が東アジアで続く（2018年平昌、2022年北京、もし2026年に札幌が決まった場合3大会連続アジアになる）ため、むずかしいという声が多かった。2018年9月に最大震度7の北海道胆振東部地震が発生したこともあり、札幌市は2026年の招致を断念。

その後、札幌市は次の2030年冬季大会招致をめざしている。2030年2〜3月とされている北海道新幹線の札幌開業時期をオリンピック開幕前に早められれば、1964年東京大会や1998年長野大会のように「新幹線＋オリンピック」で盛りあがるだろう。

パラリンピック

オリンピックと同じように4年に一度（夏季と冬季とが2年おき・交互に）おこなわれる、障がい者による世界最高峰のスポーツ大会がパラリンピック。その名は「もうひとつの（Parallel）」「オリンピック（Olympic）」という意味だ。

パラリンピックの生みの親・グットマン博士

この障がい者を対象としたスポーツ大会をはじめたのは、ユダヤ系のドイツ人医師、ルードウィッヒ・グットマン博士だ。1944年、ナチスからのがれイギリスにわたったグットマンは、イギリスのストーク・マンデビル病院の脊髄損傷科科長に就任した。グットマンは、第二次世界大戦の戦闘によって傷ついた障がい者の身体、精神を回復させるために、スポーツを用いることを考えた。車いすのアーチェリー、バスケットボール、卓球などのスポーツを積極的に取り入れ、車いす生活となった障がい者たちの社会復帰を進めていったのだ。スポーツがもたらす効果はとても大きかった。体力がつくとともに、障がい者たちは精神的にも回復していった。

ルードウィッヒ・グットマン博士（1899〜1980年）。

「失われたものを数えるな、残された機能を最大限にいかせ」

グットマンのこの言葉は、大会理念として今も受けつがれている。障がいがあってもスポーツを通じて前向きに挑戦するアスリートが活躍する舞台、それがパラリンピックなのだ。

ストーク・マンデビル競技大会はじまる

グットマンが16人の車いす障がい者によるアーチェリー大会を開催したのは、1948年7月のロンドンオリンピックと同じときだった。これが記念すべき第1回ストーク・マンデビル競技大会となる。この競技大会は、1952年には130人もの選手が参加する国際大会に発展する。

そして1960年、イギリス、オランダ、ベルギー、イタリア、フランスの5か国の協力によって国際ストーク・マンデビル大会委員会が設立された。初代会長はグットマン。その年におこなわれたローマオリンピック閉幕の6日後、同じローマで、イギリス以外では初めてとなるストーク・マンデビル大会が実現した。8日間にわたっておこなわれたのは、アーチェリー、陸上競技、（アーチェリーに似た）ダーチェリー、（ビリヤードに似た）スヌーカー、水泳、卓球、車いすバスケットボール、車いすフェンシングの8競技、57種目。この大会には、23か国400人の選手が参加した。この1960年の国際ストーク・マンデビル大会が、第1回パラリンピックとみとめられたのだ。

ストーク・マンデビル競技大会のロゴマーク。

東京でおこなわれた第2回パラリンピック

1964年、東京で日本初、アジア初のオリンピックが開催された。そのオリンピック後におこなわれたのが第2回パラリンピックだった。この大会は車いす選手による国際身体障がい者スポーツ大会だったが、日本の準備委員会は車いす選手だけを対象とした大会ではなく、すべての障がい者に開かれた大会にしようと考えた。そして実現したのが2部構成の大会である。第1部を従来どおり車いす選手が参加する国際ストーク・マンデビル大会としておこない、第2部はすべての障がい者の大会にしたのだ。

2012年ロンドンパラリンピック開会式の日本選手団。

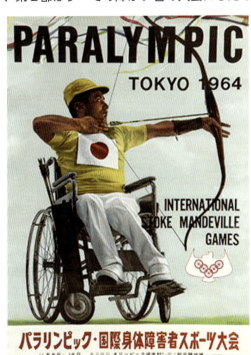

1964年東京パラリンピックのポスター。

このころには出場選手の障がいの種類がふえてきたため、この機会に「パラ」を「パラプレジック」(対麻痺者の)ではなく「パラレル」(もうひとつの)の意味とした。パラリンピックは「もうひとつのオリンピック」になったのである。

1988年の第8回ソウルパラリンピックには、61の国と地域から3000人をこす選手が参加した。この大会からオリンピックの会場を使ってパラリンピックの競技がおこなわれるようになった。

2008年の北京大会からは、オリンピックとパラリンピックがひとつの大会組織委員会によって運営されるようになり、2012年ロンドン大会からは、「オリンピック・パラリンピック」とならべて書かれるようになった。

その後のパラリンピックの歴史

そして1976年のトロント大会(第5回パラリンピック)では、初めて車いす選手と視覚障がい者、身体切断者が同時に出場することになった。スウェーデンのエンシェルツヴィークで、第1回冬季パラリンピックが開催されたのもこの年だ。

1985年、「パラリンピック」が大会の正式名称になった。

パラリンピックのシンボルマーク

赤、青、緑の3色は、世界中の国旗でもっとも多く使われている色で、人間にとって重要な心、体、魂という3つの要素を示している。カーブのかかった線は、パラリンピック選手の活躍が世界の多くの人たちを勇気づけることを表現したもので、「スリー・アギトス」とよばれる。「アギトス」はラテン語で「私は動く」という意味だ。

夏季

1960年 イタリア
第1回 ローマ大会

- 開催期間　1960年9月18日〜25日
- 競技数　8競技
- 参加国(地域)数　23
- 参加選手数　400人
- 日本の参加選手数　0人
- 日本の獲得メダル数　金0　銀0　銅0

オリンピックと同じ地で

車いす選手のために1952年から開催されていた国際ストーク・マンデビル大会が、オリンピックローマ大会直後に同じローマの地でおこなわれ、初めて「パラプレジック・オリンピック」（対麻痺者のオリンピック）とよばれた大会。アーチェリーや陸上競技、水泳などが実施された。

当時の大会ロゴマーク。

1964年 日本
第2回 東京大会

- 開催期間　1964年11月8日〜12日
- 競技数　9競技
- 参加国(地域)数　21
- 参加選手数　378人
- 日本の参加選手数　53人
- 日本の獲得メダル数　金1　銀5　銅4

大会の門戸を広げる

「すべての身体障がい者に開かれた大会を」との方針で、車いす選手のみの国際ストーク・マンデビル大会（パラリンピック）を第1部、日本と西ドイツ※のすべての身体障がいの選手が参加する大会を第2部とする2部制で開催。初めて「パラリンピック」というよび名が生まれた。

車いすバスケットボール。

※西ドイツ：3巻32ページ。

日本のパラリンピックの父・中村裕

グットマンとの出会い

グットマン博士がいなかったら、パラリンピックは開催されていなかったかもしれない。もし同じような障がい者のスポーツ大会がおこなわれていたとしても、現在のパラリンピックのような規模ではなかったかもしれない。そのグットマンの影響を受けた日本人医師がいなかったら、日本の障がい者スポーツやパラリンピックの歩みはゆっくりしていたかもしれない。その日本人医師の名は中村裕という。

1927年、大分県別府市に生まれ、九州大学医学専門部に学んで医師となった中村は、国立別府病院整形外科科長だった1960年、リハビリテーション研究のためヨーロッパに派遣された。そこでグットマンに出会ったことが、中村の考えを大きく変えた。

直立姿勢の中村裕（1927〜1984年）。

手術よりスポーツ

中村がショックを受けたのは、グットマンからストーク・マンデビル病院の脊髄損傷患者の8割以上が半年で社会復帰すると聞かされたときだった。その方法としてグットマンは、障がい者にスポーツをすすめていたのだ。患者が少しでも動けるようになれば、卓球のラケットをにぎらせ、プールで泳いでもらう。その効果を目のあたりにした中村は、「手術よりスポーツ」の正しさを確信し、帰国すると行動にうつした。

患者にスポーツをやらせようという提案に対しては、反対意見ばかりだった。だが、スポーツの効果を信じていた中村は、大分県身体障害者体育協会を設立し、1961年10月に第1回大分県身体障害者体育大会を開く。障がい者選手による本格的な競技会は、日本ではこれが初めてだった。

そして1964年東京オリンピックの後に障がい者の国際競技大会を開くことについても先頭に立って関係者に訴え、ついに1964年の東京パラリンピック開催が実現。中村はこの大会で日本選手団の団長をつとめた。中村はその後もパラリンピックのたびに選手団長をつとめ、その回数は5回を数えた。

1968年 イスラエル
第3回 テルアビブ大会

- 開催期間　1968年11月4日〜13日
- 競技数　10競技
- 参加国(地域)数　29
- 参加選手数　750人
- 日本の参加選手数　37人
- 日本の獲得メダル数　金2 銀2 銅8

独立20周年の祝いとともに

オリンピックと同じメキシコで開催されるはずが、メキシコ政府に「パラリンピック開催は技術的にむずかしい」と断られたため、かわりにイスラエルのテルアビブで、独立20周年のお祝いの一環として開催された。開会式は約1万人の観客を集めて盛大におこなわれた。

大会開催とイスラエル建国20周年を記念したメダル。

1972年 西ドイツ※
第4回 ハイデルベルク大会

- 開催期間　1972年8月2日〜9日
- 競技数　10競技
- 参加国(地域)数　43
- 参加選手数　984人
- 日本の参加選手数　25人
- 日本の獲得メダル数　金4 銀5 銅3

大会開催の記念切手。

大学の施設で開催

オリンピックの開催地ミュンヘンが開催に協力的でなかったため、同じ国内でも少しはなれたところにあるハイデルベルクの大学施設でおこなわれた。車いすバスケットボールの決勝戦に4000人近くの観客が集まり、参加者にビールをふるまう「ビールテント」が好評を博すなど大会は盛りあがった。

1976年 カナダ
第5回 トロント大会

- 開催期間　1976年8月3日〜11日
- 競技数　13競技
- 参加国(地域)数　40
- 参加選手数　1657人
- 日本の参加選手数　37人
- 日本の獲得メダル数　金10 銀6 銅3

障がいの種類がふえる

オリンピックと同様、カナダでおこなわれた大会。人種隔離政策をとる南アフリカの参加に反対して数か国がボイコットしたが、選手数は2倍近くになった。開会式の観客も2万4000人とふえ、大会の規模は拡大した。身体切断者と視覚障がい者が初めて参加し、実施競技もふえた。

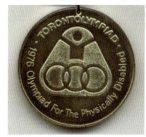
トロントリンピアードとよばれた大会。

1980年 オランダ
第6回 アーネム大会

- 開催期間　1980年6月21日〜7月5日
- 競技数　13競技
- 参加国(地域)数　42
- 参加選手数　1973人
- 日本の参加選手数　37人
- 日本の獲得メダル数　金9 銀10 銅7

脳性まひの選手が参加

東西冷戦の影響で、オリンピックが開催されたソ連ではなくオランダのアーネムでおこなわれた大会。初めて脳性まひの選手の参加がみとめられ、障がいの種類がますます多様化した。アメリカの選手とポーランドの選手が活躍し、金メダル数75でメダル獲得数1位同数となった。

金銀銅メダル。

1984年 アメリカ／イギリス

第7回 ニューヨーク／ストーク・マンデビル大会

- ●開催期間　ニューヨーク：1984年6月17日～29日
  　　　　　ストーク・マンデビル：1984年7月22日～8月1日
- ●競技数　18競技
- ●参加国（地域）数　54　●参加選手数　2102人
- ●日本の参加選手数　ニューヨーク：17人
  　　　　　　　　　ストーク・マンデビル：35人
- ●日本の獲得メダル数　金9　銀7　銅8

2か国にまたがり開催

車いす競技をアメリカのイリノイ州で、ほかの競技をニューヨークでおこなう予定だったが、イリノイ州が財政難を理由に開催を断ったため、車いす競技はイギリスのストーク・マンデビル病院で実施した。大会のようすはアメリカやヨーロッパの新聞、テレビで大きく報道された。

ニューヨークの大会ロゴマーク。

1988年 韓国

第8回 ソウル大会

- ●開催期間　1988年10月15日～24日
- ●競技数　17競技
- ●参加国（地域）数数　61
- ●参加選手数　3057人
- ●日本の参加選手数　141人
- ●日本の獲得メダル数　金17　銀12　銅17

パラリンピックが正式名に

1985年に大会の正式名称が「パラリンピック（もう1つのオリンピック）」となり、初めてオリンピックとパラリンピックが本格的に連動して開催された大会。初めてオリンピックと同じ会場で競技が実施された。競技では柔道が正式競技に加わった。

マスコットはツキノワグマの「コンドリ」。

1992年 スペイン

第9回 バルセロナ大会

- ●開催期間　1992年9月3日～14日
- ●競技数　16競技
- ●参加国（地域）数　83
- ●参加選手数　3001人
- ●日本の参加選手数　75人
- ●日本の獲得メダル数　金8　銀7　銅15

各国でテレビ中継

この大会は各国でテレビ中継され、約700万人が視聴した。会場にも観客がつめかけ、シッティングバレーボールと車いすバスケットボールの試合は満員となった。メダル獲得国上位はアメリカを筆頭に、ドイツ、イギリス、フランス、スペインの国々がつらなった。

勇敢な少女「ペトラ」がマスコット。

1996年 アメリカ

第10回 アトランタ大会

- ●開催期間　1996年8月16日～25日
- ●競技数　17競技
- ●参加国（地域）数　104
- ●参加選手数　3259人
- ●日本の参加選手数　81人
- ●日本の獲得メダル数　金14　銀10　銅13

参加国・地域が100をこえた

初めて知的障がいの選手が出場。パラリンピック独自の聖火リレーも初めておこなわれた。参加国・地域は100をこえ、大会ウェブサイトは期間中1日平均12万アクセスを記録。ヨーロッパやアメリカ以外でメダルを獲得する国がふえ、日本選手も金メダル14個の大活躍をした。

点字を使用したメダル。

2000年 オーストラリア

第11回 シドニー大会

- 開催期間　2000年10月18日～29日
- 競技数　18競技
- 参加国(地域)数　122
- 参加選手数　3881人
- 日本の参加選手数　151人
- 日本の獲得メダル数　金13　銀17　銅11

南半球初のパラリンピック開催

オリンピックと同じ施設を使用。インターネット配信が始まり、103の国で視聴された。成田真由美が水泳で金メダル6個を獲得。ウィルチェアーラグビーとセーリングが正式競技に加わった。一方、知的障がい者のバスケットボールで優勝したスペインの12人中10人が健常者だったことがわかり、金メダルを剥奪された。

ピンバッジの上にいるマスコットはエリマキトカゲの「リジー」。

2004年 ギリシャ

第12回 アテネ大会

- 開催期間　2004年9月17日～28日
- 競技数　19競技
- 参加国(地域)数　135
- 参加選手数　3808人
- 日本の参加選手数　163人
- 日本の獲得メダル数　金17　銀15　銅20

新パラリンピック旗登場

新たに17か国が初参加。女子選手が1000人をこえた。競技性が高まり、304もの世界新記録が生まれた。日本も過去最高のメダル獲得数を記録。この大会の閉会式に、新しいパラリンピックシンボルがえがかれたパラリンピック旗が登場した。

新しいパラリンピック旗が登場。

2008年 中国

第13回 北京大会

- 開催期間　2008年9月6日～17日
- 競技数　20競技
- 参加国(地域)数　146
- 参加選手数　3951人
- 日本の参加選手数　162人
- 日本の獲得メダル数　金5　銀14　銅8

参加数・競技数が過去最高に

ブルンジ、ガボン、ジョージア、ハイチ、モンテネグロが初参加。参加国・地域数、参加選手数、競技数ともに過去最高となった。新競技にはボートが加わり、20競技472種目がおこなわれた。開催国の中国が、アテネ大会に続き2大会連続でメダル獲得数第1位となった。

開会式でピアノを演奏した全盲のピアニスト金元輝。

2012年 イギリス

第14回 ロンドン大会

- 開催期間　2012年8月29日～9月9日
- 競技数　20競技
- 参加国(地域)数　164
- 参加選手数　4237人
- 日本の参加選手数　134人
- 日本の獲得メダル数　金5　銀5　銅6

知的障がい選手の競技復活

15の新規参加国をむかえて盛大に開催された大会。12年ぶりに知的障がい選手の競技が復活した（陸上競技、水泳、卓球）。マスコットキャラクターはパラリンピック発祥の地イギリスのストーク・マンデビルにちなんで「マンデビル」と名づけられた。チケットが完売し、大会はたいへんに盛りあがった。

開会式に出席したエリザベス女王。

2016年 ブラジル
第15回 リオデジャネイロ大会

- 開催期間　2016年9月7日～18日
- 競技数　22競技
- 参加国（地域）数　159
- 参加選手数　4333人
- 日本の参加選手数　132人
- 日本の獲得メダル数　金0　銀10　銅14

パラリンピックが中南アメリカ初上陸

初めて中南アメリカで開催されたパラリンピック。10大会ぶりに参加国・地域の数が前回大会よりへったが、6か国・地域が新しく参加した。直前におこなわれたオリンピックと同様、紛争で祖国からはなれ難民となった選手たちで構成される難民選手団として、シリア出身の水泳選手、イラン出身の陸上選手の2人が参加した。またこの大会には、1996年アトランタ大会の2倍以上となる1671人の女子選手が出場した。

大会前に組織的なドーピング違反が発覚したロシアは、陸上競技だけが出場停止となったオリンピックとちがい全競技で参加資格を剥奪され、出場できなかった。

メダルはカヌーとトライアスロンを新たに加えた22競技であらそわれ、中国が獲得数第1位となった。

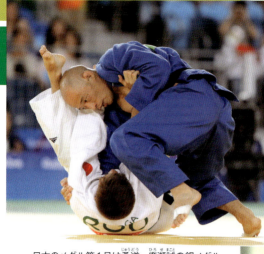
日本のメダル第1号は柔道・廣瀬誠の銀メダル。

開会式では義足のモデル、エイミー・パーディさんがサンバを踊った。

2020年 日本
第16回 東京大会

- 会期　2020年8月25日～9月6日（予定）
- 競技数　22競技

バドミントンとテコンドーが仲間入り

1964年大会に続き2回目の東京開催となる夏季大会。パラリンピック夏季大会史上初めて、同じ都市での複数回開催となる。実施される22の競技のうち、新競技はバドミントンとテコンドー。バドミントンは14種目、テコンドーは6種目が実施される。全競技の合計で前回大会より12種目多い540種目がおこなわれる。

またこの大会では、障がいの程度の重い選手の参加機会をふやすというコンセプトがかかげられており、ボッチャの参加選手がリオデジャネイロ大会よりもふえる。

このほか、過去最高となる1756人以上の女子選手が参加することが決まっている。

会場は、2020年までに新設される新国立競技場をはじめ、ほとんどが直前の東京オリンピックで使われた会場を使用する。

東京・日本橋でおこなわれた1000日前イベント。

オリンピックのエンブレムと同じ形、同じ数の市松模様で構成したパラリンピックのエンブレム。

冬季

1976年 スウェーデン
第1回 エンシェルツヴィーク大会

- 開催期間　1976年2月23日〜28日
- 競技数　2競技
- 参加国(地域)数　16
- 参加選手数　53人
- 日本の参加選手数　0人
- 日本の獲得メダル数　金0 銀0 銅0

初の冬季パラリンピック

正式名称は、第1回国際身体障害者冬季競技大会。1989年の国際パラリンピック委員会（IPC）創設時に、第1回冬季パラリンピックと定められた。アルペンスキーとクロスカントリースキーの2競技が実施され、西ドイツ※とスイスが最多の金メダル（10個）を獲得した。

大会のロゴマーク。

※西ドイツ：3巻32ページ。

1980年 ノルウェー
第2回 ヤイロ大会

- 開催期間　1980年2月1日〜7日
- 競技数　3競技
- 参加国(地域)数　18
- 参加選手数　299人
- 日本の参加選手数　5人
- 日本の獲得メダル数　金0 銀0 銅0

日本が冬季大会初参加

アルペンスキー、クロスカントリースキーに加えて、アイススレッジスピードレースが競技に加わった。開催国のノルウェーが金メダル23個をふくむ合計54個のメダルを獲得し、国別メダル獲得数トップの大活躍。日本選手団が初めて冬季パラリンピックに参加した。

屋内でおこなわれた開会式。

1984年 オーストリア
第3回 インスブルック大会

- 開催期間　1984年1月14日〜20日
- 競技数　3競技
- 参加国(地域)数　21
- 参加選手数　419人
- 日本の参加選手数　12人
- 日本の獲得メダル数　金0 銀0 銅0

参加選手が大幅増

参加選手数が初めて400人をこえ、種目数も大幅にふえて、冬季パラリンピックの規模が拡大。開催国のオーストリアは、金メダル34個をふくむ合計70個のメダルを獲得した。続くフィンランド、ノルウェーなどの北ヨーロッパ諸国が、あいかわらず冬季スポーツの強さを発揮した。

オリンピックシンボルに似ている変わったロゴマーク。

1988年 オーストリア
第4回 インスブルック大会

- 開催期間　1988年1月18日〜24日
- 競技数　4競技
- 参加国(地域)数　22
- 参加選手数　377人
- 日本の参加選手数　14人
- 日本の獲得メダル数　金0 銀0 銅2

バイアスロンが加わる

2大会連続で、同じ都市（インスブルック）で開催された。新たにバイアスロン（男子7.5km）が加わり、4競技を実施。この大会では、ノルウェーが金メダル25個をふくむ合計60個のメダルを獲得し、開催国のオーストリアをおさえて国別メダル獲得数第1位の座についた。

アルペンスキー座位。

1992年 フランス
第5回 アルベールビル大会

- ●開催期間　1992年3月25日〜4月1日
- ●競技数　3競技
- ●参加国(地域)数　24
- ●参加選手数　365人
- ●日本の参加選手数　15人
- ●日本の獲得メダル数　金0 銀0 銅2

アメリカ選手が大活躍

この大会から、冬季オリンピックの直後に、同じ場所で冬季パラリンピックが開催されることとなった。**冷戦**終結後、初めての開催となり、旧**ソ連**はEUNとして参加。アメリカが金メダル20個をふくむ合計45個のメダルを獲得し、初めて国別メダル獲得数トップとなった。

大会ロゴマーク。

1994年 ノルウェー
第6回 リレハンメル大会

- ●開催期間　1994年3月10日〜19日
- ●競技数　5競技
- ●参加国(地域)数　31
- ●参加選手数　471人
- ●日本の参加選手数　27人
- ●日本の獲得メダル数　金0 銀3 銅3

新競技アイススレッジホッケー

新たにアイススレッジホッケー（現在の名称は「パラアイスホッケー」）が加わり、5つの競技を実施。バイアスロンには、女子種目（男子と同じ7.5km）が加わった。開催国のノルウェーが金メダル29個をふくむ合計64個のメダルを獲得し、トップの座に返り咲いた。

大会ロゴマーク。当時のパラリンピックシンボルが使われている。

1998年 日本
第7回 長野大会

- ●開催期間　1998年3月5日〜14日
- ●競技数　5競技
- ●参加国(地域)数　31
- ●参加選手数　571人
- ●日本の参加選手数　70人
- ●日本の獲得メダル数　金12 銀16 銅13

アジア初の冬季パラリンピック

冬季オリンピック（第18回長野大会）の翌月に、長野市をメイン会場として開催された、アジア初の冬季パラリンピック。女子の参加選手が初めて100人をこえ、過去最多となる571人の選手が参加した。

開催国の日本は、金12・銀16・銅13と合計41個のメダルを獲得し、ノルウェー、ドイツ、アメリカに次いで国別メダル獲得数第4位の好成績を記録した。とくにアイススレッジスピードレースでの活躍がめだち、なかでも金2・銀2と計4個のメダルを獲得した土田和歌子が注目を浴びた。

15万人以上の観客を集め、メディアも積極的に報道したこの大会を機に、日本国内でも「パラリンピック」の知名度が一気に高まった。

マスコットはウサギの「パラビット」。

開会式のフィナーレ。

2002年 アメリカ
第8回 ソルトレークシティ大会

- ●開催期間　2002年3月7日〜16日
- ●競技数　4競技
- ●参加国(地域)数　36
- ●参加選手数　416人
- ●日本の参加選手数　36人
- ●日本の獲得メダル数　金0 銀0 銅3

アメリカで初開催

アメリカで初めて開催された冬季パラリンピック。中国、クロアチア、ギリシャが初めて参加した。アイススレッジスピードレースが除外され、4競技を実施。総メダル数（43個）では開催国アメリカがトップだったが、もっとも多くの金メダル（17個）を獲得したのはドイツ。

マスコットはカワウソの「オットー」。

2006年 イタリア
第9回 トリノ大会

- ●開催期間　2006年3月10日〜19日
- ●競技数　5競技
- ●参加国(地域)数　38
- ●参加選手数　474人
- ●日本の参加選手数　40人
- ●日本の獲得メダル数　金2 銀5 銅2

車いすカーリングが追加

この大会から新競技として車いすカーリングが加わり、5つの競技が実施された。車いすカーリングで初の金メダルに輝いたのはカナダ。金メダル13個をふくむ合計33個のメダルを獲得したロシアがトップに立った。なおメキシコ、モンゴルが、冬季大会初参加をはたした。

バイアスロンのメダリスト小林深雪（左）。

2010年 カナダ
第10回 バンクーバー大会

- ●開催期間　2010年3月12日〜21日
- ●競技数　5競技
- ●参加国(地域)数　44
- ●参加選手数　502人
- ●日本の参加選手数　41人
- ●日本の獲得メダル数　金3 銀3 銅5

オリンピックと同様の規則を適用

パラリンピックへの関心が高まるとともに大会の規模も拡大し、史上最多となる23万人もの観客を集めた。なお、この大会からはオリンピックと同様の規則（ドーピング検査や運営方法）が適用された。

もっとも多くの金メダル（13個）を獲得したのはドイツ。総メダル数では、38個のメダルを獲得したロシアが1位となった。開催国のカナダは、車いすカーリングを連覇。10個の金メダルをふくむ計19個のメダルを獲得して、国別メダル獲得数でも第3位と健闘した。アイススレッジホッケー（現在のパラアイスホッケー）では、強豪アメリカが金メダル。前回優勝のカナダを準決勝でやぶって決勝に進んだ日本が、銀メダルを獲得した。

開会式で子どもたちがえがいたカナダの象徴メープルリーフ。

クロスカントリーで金メダルを2個獲得した新田佳浩。

2014年 ロシア

第11回 ソチ大会

- 開催期間　2014年3月7日〜16日
- 競技数　5競技
- 参加国（地域）数　45
- 参加選手数　547人
- 日本の参加選手数　20人
- 日本の獲得メダル数　金3　銀1　銅2

日本体育大学の清原名誉教授が指導した集団行動が開会式で披露された。

アルペンスキー座位で2つの金メダルを獲得した狩野亮。

スノーボードが新種目として初登場

　冬季オリンピック（第22回ソチ大会）と同じく、プーチン大統領が冬季パラリンピックの開会宣言をおこなった。総観客数は約31.6万人、ボランティアの人数は約8000人と前大会を大きく上回り、生中継をふくむテレビ放映も世界の多くの国でおこなわれた。
　この大会には、初めてパラリンピックにスノーボードが登場。スノーボードクロスがアルペンスキーの1種目として新たに採用された。
　開催国のロシアは、とくにバイアスロンで好成績をあげ、合計80個（金30・銀28・銅22）ものメダルを獲得して圧倒的な強さを見せつけたが、のちに国ぐるみのドーピング問題が発覚し、選手の再検査が進められることとなった。

2018年 韓国

第12回 平昌大会

- 開催期間　2018年3月9日〜18日
- 競技数　6競技
- 参加国（地域）数　48（個人参加をふくまず）
- 参加選手数　567人
- 日本の参加選手数　38人
- 日本の獲得メダル数　金3　銀4　銅3

スノーボードが独立

マスコットはツキノワグマの「バンダビ」。

　前大会ではアルペンスキーの1種目としておこなわれたスノーボードが、スノーボードクロスとバンクドスラロームの2種目による1競技として独立した。スノボの新種目バンクドスラロームで成田緑夢が金、アルペンスキー座位で村岡桃佳が5つのメダルを獲得するなど日本選手大活躍。

2022年 中国

第13回 北京大会

- 会期　2022年3月4日〜13日（予定）

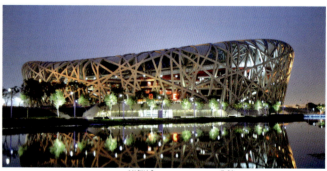
開会式と閉会式がおこなわれる北京国家体育場「鳥の巣」。

中国初の冬季大会を開催

　2008年北京大会で夏季オリンピックとパラリンピックを開催した北京は、史上初めて夏・冬両大会を開催する都市となる。アジアでのパラリンピック開催は、2018年平昌大会に続いて2大会連続、夏季の2020年東京大会をふくめると3大会連続となる。

オリンピック・パラリンピック全競技

（夏季は2020年東京大会、冬季は2018年平昌大会の実施競技）

夏季オリンピック（33競技）

- 陸上競技
- 水泳
  - 競泳
  - 飛び込み
  - アーティスティックスイミング
  - 水球
- サッカー
- テニス
- ボート
- ホッケー
- ボクシング
- バレーボール
  - バレーボール
  - ビーチバレーボール
- 体操
  - 体操競技
  - 新体操
  - トランポリン
- バスケットボール
- レスリング
- セーリング
- ウエイトリフティング
- ハンドボール
- 自転車競技
- 卓球
- 馬術
- フェンシング
- 柔道
- バドミントン
- 射撃
  - ライフル射撃
  - クレー射撃
- 近代五種
- ラグビー
- カヌー
- アーチェリー
- トライアスロン
- ゴルフ
- テコンドー
- NEW 野球・ソフトボール
  - 野球
  - ソフトボール
- NEW 空手
- NEW サーフィン
- NEW スケートボード
- NEW スポーツクライミング

夏季パラリンピック（22競技）

- アーチェリー
- 陸上競技
- ボッチャ
- カヌー
- 自転車競技
- 馬術
- 5人制サッカー
- ゴールボール
- 柔道
- パワーリフティング
- ボート
- 射撃
- シッティングバレーボール
- 水泳
- 卓球
- トライアスロン
- 車いすバスケットボール
- 車いすフェンシング
- ウィルチェアーラグビー
- 車いすテニス
- NEW バドミントン
- NEW テコンドー

冬季オリンピック（7競技）

- スキー
    - アルペンスキー
    - クロスカントリースキー
    - ノルディック複合
    - スキージャンプ
    - フリースタイルスキー
- スノーボード
- スケート
    - スピードスケート
    - フィギュアスケート
    - ショートトラック
- アイスホッケー
- バイアスロン
- ボブスレー
    - ボブスレー
    - スケルトン
- リュージュ
- カーリング

冬季パラリンピック（6競技）

- アルペンスキー
- バイアスロン
- クロスカントリースキー
- パラアイスホッケー
- スノーボード
- 車いすカーリング

2018年平昌冬季オリンピック日本代表選手メダリスト （2018年2月25日現在）

金 4個

スピードスケート 女子500m
小平奈緒

スピードスケート 女子チームパシュート
菊池彩花　髙木菜那　佐藤綾乃　髙木美帆
（左から順に）

スピードスケート 女子マススタート
髙木菜那

フィギュアスケート 男子シングル
羽生結弦

銀 5個

ノルディック複合 ノーマルヒル個人
渡部暁斗

スノーボード 男子ハーフパイプ
平野歩夢

スピードスケート 女子1000m
小平奈緒

スピードスケート 女子1500m
髙木美帆

フィギュアスケート 男子シングル
宇野昌磨

銅 4個

スキージャンプ 女子ノーマルヒル個人
髙梨沙羅

フリースタイルスキー 男子モーグル
原大智

スピードスケート 女子1000m
髙木美帆

カーリング女子
吉田夕梨花　吉田知那美　藤澤五月　鈴木夕湖　本橋麻里
（左から順に）

メダル合計 13個

用語解説

本文中に出てくる重要な言葉を集め、五十音順にならべて説明しています。
本文では、太字になっています。

▶ASEAN
　東南アジア諸国連合のこと。東南アジアの国々がおたがいに協力し、地域の経済の成長や、政治・経済的な安定、地域のさまざまな問題を解決することをめざして1967年に設立された。2019年現在、タイ・フィリピン・マレーシア・インドネシア・シンガポール・ベトナム・ラオス・ミャンマー・カンボジア・ブルネイの10か国が参加している。

▶EU
　「ヨーロッパ連合」の略。ヨーロッパの国々が集まってできた国際組織。加盟国（2019年現在、イギリスをふくめ28か国）の間では、人、モノ、お金、情報などの行き来が自由にできる。ただし、イギリスは2016年の国民投票により、離脱することが決まっている。

▶イギリス連邦
　イギリスを中心としたゆるやかな国家連合。イギリスのかつての植民地だった国が加盟している。2019年現在、加盟国は53か国。

▶HIV
　ヒト免疫不全ウイルスのこと。ヒトの体をさまざまな病原体から守る免疫細胞に感染し、免疫細胞を破壊する。適切な治療がなされないとエイズ（後天性免疫不全症候群）という病気を引き起こす。

▶NGO
　非政府組織のこと。民間によってつくられた国際的な協力をおこなう市民ボランティア団体。平和につながる活動や医療活動、難民の救済、人権問題、環境問題などに取り組んでいる。

▶ODA
　政府開発援助のこと。先進国の政府が、開発途上国に対して開発のための資金を援助したり、技術協力をおこなう。ODAの1つにJICA（42ページ）がおこなう海外ボランティアの青年海外協力隊の派遣がある。

▶オスマン帝国
　13世紀末から20世紀初期まであったイスラム教の国。アジアのトルコ系民族が中心の国で、もっとも栄えた16世紀には、西アジア、東ヨーロッパ、北アフリカまで勢力を広げた。17世紀にヨーロッパ諸国の勢力が強くなると、しだいにおとろえていき、1922年にトルコ革命が起こり、帝国は滅亡した。

▶共和国・共和制
　王などの君主が存在せず、国民の代表者が議会で政治をする国が共和国。そのような制度が共和制。

▶君主制・王政
　代々、世襲でうけつがれる王や首長によって統治される国の制度。君主が絶対的な権力をもつ絶対君主制（絶対王政）と、憲法の制限を受ける立憲君主制（立憲王政）がある。

▶計画経済
　政府が、生産や分配の量などを計画して運営する経済のこと。社会主義の経済。反対に個人が市場を通じて自由にモノを売ったり買ったりできることを「市場経済」という。

▶古代ローマ（ローマ帝国）
　紀元前8世紀にイタリア半島中部におこった国家で、領土を広げ、紀元前1世紀～紀元後4世紀には、地中海沿岸を中心に大帝国（ローマ帝国）をきずいた。首都ローマには水道橋や円形闘技場のコロッセオなどがあり、ローマ字もつくられた。395年に東西に分かれ、西ローマ帝国は476年に滅亡。東ローマ帝国（ビザンツ帝国）は1453年にオスマン帝国に攻められて滅亡した。

▶産業革命
　18世紀後半から機械や動力を使って大量生産する技術の開発がイギリスから始まり、産業や社会のしくみが大きく変わったことをいう。蒸気機関車の発明で、鉄道が発達し、交通・輸送も大きく変わった。イギリスは「世界の工場」とよばれ、世界の大国になっていく。この変革は世界各国に広がり、工業中心の社会へと発展していった。

▶GNI［国民総所得］
　国民が1年間に国の内外で得た所得の合計のこと。GNPやGDPに、海外で投資したときの配当などの所得も加えられる。近年、GNIを国のゆたかさの指標にすることが多くなっている。

▶GNP［国民総生産］
　会社や工場や農家など、国民によって1年間に生産されたモノやサービスの総額のこと。つまり「かせいだ」額のことをいう。日本人が外国でかせいだら日本のGNPとなる。

▶GDP［国内総生産］
　会社や工場や農家など、国内で1年間に生産されたモノやサービスの総額のこと。日本人、外国人を問わず、日本国内でかせいだら日本のGDPとなる。日本人が海外でかせいだ額はふくまない。

▶**市場経済**
　個人が市場を通じて自由にモノを売ったり買ったりできる経済のこと。資本主義の経済。反対に「計画経済」は、政府が生産や分配の量などを計画して運営する経済のこと。

▶**資本主義（資本主義経済）**
　個人が自由に資本（土地、資金、施設・設備など）をもち、自由に労働者をやとって競争しながら利益を得ることができる経済。日本やアメリカなど多くの国が取り入れている。

▶**JICA**
　独立行政法人国際協力機構のこと。ODA（政府開発援助）の実施機関の1つ。開発途上国を助けることを目的としており、青年海外協力隊、シニア海外ボランティアなどの派遣もおこなっている。

▶**社会主義（社会主義経済）**
　会社が自由に競争して利益を得る資本主義は貧富の差が広がるなどと反対し、平等で公正な社会をめざすしくみや考え方。会社はすべて国のもので、生産するものや量も国が計画する。利益も国のものとなり、国が平等に分配する。財産は共有なので、大きな貧富の差や社会的な不平などは生まれない。ただ、自由競争がないので経済の発展が遅れがちになる。

▶**準州（アメリカの準州）**
　アメリカの州以外の海外領土。プエルトリコ、グアム、アメリカ領バージン諸島、北マリアナ諸島、アメリカ領サモアがある。準州はカナダやオーストラリアにもある。

▶**宗主国**
　他の国に対し、強い支配権をもつ国のこと。植民地にとっての本国のことも宗主国という。

▶**ソビエト連邦（ソ連）**
　労働者や兵士、農民たちが、ロシア革命で皇帝や政府をたおし、1922年に社会主義の国家として建国したのがソビエト連邦（ソ連）。ロシアをはじめとする15の共和国からなる連邦国家だったが、1991年崩壊。14の共和国は次々とはなれて独立し、ロシアだけになった。

▶**太平洋戦争**
　1941〜45年。第二次世界大戦（1939〜45年）の局面の1つで、日本がアメリカやイギリスと、太平洋を舞台に戦った戦争。日本によるハワイの真珠湾攻撃によって開戦。日本軍は半年ほどで東南アジア、太平洋の重要地域を占領し、勢力圏を拡大した。1942年の後半からアメリカの反撃が本格的となり、日本軍は次々と敗れる。1945年にはアメリカ軍による東京大空襲、沖縄上陸、そして広島・長崎への原子爆弾投下があり、日本は無条件降伏した。

▶**中東**
　アラビア半島を中心とした、イスラム教国の多い地域をさす。東はイラン、西はトルコやエジプトあたりまで。西はモロッコまでふくめる場合もある。昔、ヨーロッパから見て東の世界を「近東」「中東」「極東」と3つに分けたことによる。

▶**NATO〔北大西洋条約機構〕**
　アメリカを中心とした北アメリカ（アメリカとカナダ）およびヨーロッパ諸国によって結成された軍事同盟。2019年現在、29か国が加盟している。

▶**難民**
　戦争や政治的迫害、人種差別、自然災害、飢餓、伝染病などの理由で、住んでいた国や地域をはなれなければならなくなった人たちのこと。

▶**西インド諸島**
　南北アメリカ大陸にはさまれたカリブ海にある群島。おもにバハマを中心としたバハマ諸島、キューバ・ジャマイカ・ハイチ・ドミニカ共和国・プエルトリコなどのある大アンティル諸島、その東側に小国がならぶ小アンティル諸島の3つの地域に分けられる（5巻30ページ）。

▶**東側諸国・西側諸国**
　第二次世界大戦後の1947年からソ連が崩壊する1991年までのあいだ、世界はアメリカを中心とする資本主義グループと、ソ連を中心とする社会主義グループに大きく分かれ、対立していた（東西冷戦）。このときのソ連グループは「東側諸国」、アメリカグループは「西側諸国」とよばれていた。

▶**貧困ライン**
　最低限の生活水準を保つために必要な収入。世界銀行では1日の所得が1.25アメリカドル（約140円）を貧困ラインとしている。

▶**PKO**
　国連平和維持活動のこと。国連が紛争地域の平和を保つためにおこなう活動。このために派遣される軍隊のことを国連平和維持軍（PKF）という。日本は国連平和維持活動のほかに、人的協力や物資協力などもおこなっている。

▶**保護領（自治領）**
　コモンウェルスともいう。自治政府による政治はみとめられているが、外交や国防は本国がおこなう。

全巻さくいん

1巻で紹介しているオリンピック・パラリンピック開催国と、2巻〜6巻で紹介している国、1巻〜5巻で紹介しているスポーツやスポーツ大会を集めました。❶〜❻の数字は巻数、それに続く数字はページです。

あ

- アイスホッケー ❺11
- アイスランド ❸8
- アイルランド ❸8
- アゼルバイジャン ❹25
- アフガニスタン ❷28
- アフリカ競技大会 ❻31
- アフリカネイションズカップ ❻31
- アメリカ ❶6,8,13,14,18,20,22,25,32,37 ❺4
- アメリカ領バージン諸島 ❺25
- アメリカ領サモア ❹34
- アメリカンフットボール ❺11
- アラブ首長国連邦 ❷25
- アルジェリア ❻7
- アルゼンチン ❺40
- アルバ ❺30
- アルバニア ❹16
- アルペンスキー ❸23
- アルメニア ❹25
- アンゴラ ❻36
- アンティグア・バーブーダ ❺26
- アンドラ ❸15
- イエメン ❷27
- イギリス ❶7,10,16,32,33 ❸4
- イギリス領バージン諸島 ❺25
- イスラエル ❶31 ❹23
- イタリア ❶10,20,25,30,37 ❸16
- イラク ❷20
- イラン ❷21
- インド ❷31
- インドネシア ❷38
- ウガンダ ❻30
- ウクライナ ❹9
- ウズベキスタン ❷19
- ウルグアイ ❺39
- エクアドル ❺34
- エジプト ❻4
- エストニア ❹7
- エスワティニ ❻40
- エチオピア ❻22

- エリトリア ❻20
- エルサルバドル ❺15
- オーストラリア ❶10,15,33 ❹26
- オーストラリアンフットボール ❹29
- オーストリア ❶20,22,35 ❸22
- オマーン ❷27
- オランダ ❶8,31 ❸26
- オリエンテーリング ❸40

か

- ガーナ ❻15
- カーボベルデ ❻9
- ガイアナ ❺33
- カザフスタン ❷18
- カタール ❷25
- カナダ ❶12,22,26,31,37 ❺8
- カバディ ❷30
- カポエイラ ❺37
- ガボン ❻26
- カメルーン ❻25
- カリビアンシリーズ ❺24
- 韓国 ❶13,27,32,38 ❷12,14
- ガンビア ❻12
- カンボジア ❷35
- 北朝鮮 ❷14
- 北マケドニア ❹16
- ギニア ❻13
- ギニアビサウ ❻12
- キプロス ❹24
- キューバ ❺18
- ギリシャ ❶6,15,33 ❹20
- キリバス ❹39
- キルギス ❷17
- グアテマラ ❺14
- グアム ❹40
- クウェート ❷24
- クック諸島 ❹31
- クリケット ❹29
- グレナダ ❺28
- クロアチア ❹13
- クロスカントリースキー ❸40
- ケイマン諸島 ❺22

- ケニア ❻28
- コートジボワール ❻14
- コスタリカ ❺16
- コソボ ❹15
- コパ・アメリカ ❺39
- コモロ ❻33
- コロンビア ❺31
- コンゴ共和国 ❻27
- コンゴ民主共和国 ❻27

さ

- サウジアラビア ❷26
- サモア ❹33
- サントメ・プリンシペ ❻25
- ザンビア ❻35
- サンマリノ ❸19
- シエラレオネ ❻13
- 自転車競技 ❸29
- ジブチ ❻20
- ジャマイカ ❺20
- ジョージア ❹24
- シリア ❷22
- シンガポール ❷37
- ジンバブエ ❻37
- スイス ❶18,19 ❸20
- スウェーデン ❶7,35 ❸36
- スーダン ❻19
- スカッシュ ❻5
- スペイン ❶14,32 ❸10
- スリナム ❺33
- スリランカ ❷32
- スロバキア ❹11
- スロベニア ❹13
- セーシェル ❻32
- 赤道ギニア ❻26
- セネガル ❻11
- セネガル相撲 ❻11
- セパタクロー ❷36
- セルビア ❹14
- セントクリストファー・ネービス ❺26
- セントビンセント・グレナディーン ❺28

43

セントルシア ❺27	バーレーン ❷24	ホンジュラス ❺15
ソビエト連邦（ソ連） ❶12 ❹6	バイクトライアル ❸14	
ソマリア ❻21	ハイチ ❺23	**ま**
ソロモン諸島 ❹36	パキスタン ❷28	マーシャル諸島 ❹40
	パシフィックゲームズ ❹38	マダガスカル ❻33
た	パナマ ❺17	マラウイ ❻34
タイ ❷33	バヌアツ ❹35	マリ ❻10
台湾 ❷11	バハマ ❺17	マルタ ❸18
タジキスタン ❷19	パプアニューギニア ❹37	マレーシア ❷36
タッチラグビー ❹29	バミューダ ❺22	ミクロネシア ❹38
タンザニア ❻32	パラオ ❹37	南アフリカ ❻38
チェコ ❹10	パラグアイ ❺35	南スーダン ❻21
チャイニーズ・タイペイ ❷11	バルバドス ❺29	ミャンマー ❷34
チャド ❻19	パレスチナ ❷23	ムエタイ ❷34
中央アフリカ ❻24	ハンガリー ❹12	メキシコ ❶12 ❺12
中国 ❶16,27,33,38 ❷8	バングラデシュ ❷30	モーリシャス ❻34
中国武術 ❷10	東ティモール ❷40	モーリタニア ❻10
チュニジア ❻8	東ドイツ ❸32	モザンビーク ❻35
チリ ❺38	フィジー ❹32	モナコ ❸15
ツバル ❹35	フィリピン ❷39	モルディブ ❷32
デンマーク ❸28	フィンランド ❶10 ❸38	モルドバ ❹17
ドイツ ❶9,12,18,31 ❸30	ブータン ❷29	モロッコ ❻6
トーゴ ❻16	プエルトリコ ❺24	モンゴル ❷16
ドミニカ共和国 ❺23	武道 ❷7	モンテネグロ ❹15
ドミニカ国 ❺27	ブフ（モンゴル相撲） ❷17	
トリニダード・トバゴ ❺29	ブラジル ❶17,34 ❺36	**や**
トルクメニスタン ❷20	フランス ❶6,8,18,20,23,36 ❸12	ヤールギュレシ（トルコ相撲） ❹23
トルコ ❹22	ブルガリア ❹18	ユーゴスラビア ❶22 ❹17
トンガ ❹32	ブルキナファソ ❻15	ヨルダン ❷23
	ブルネイ ❷40	
な	ブルンジ ❻31	**ら**
ナイジェリア ❻18	フロアボール ❸40	ラオス ❷35
ナウル ❹39	ベトナム ❷37	ラグビー ❹33
ナミビア ❻36	ベナン ❻16	ラクロス ❺11
難民選手団 ❻24	ベネズエラ ❺32	ラトビア ❹7
ニカラグア ❺16	ベラルーシ ❹8	リトアニア ❹8
ニジェール ❻17	ベリーズ ❺14	リビア ❻9
西ドイツ ❶12,31 ❸32	ペルー ❺34	リヒテンシュタイン ❸19
日本 ❶11,17,21,24,30,34,36 ❷4	ベルギー ❶8 ❸24	リベリア ❻14
ニュージーランド ❹30	ポーランド ❸33	ルーマニア ❹19
ネットボール ❹34	ボスニア・ヘルツェゴビナ ❶22 ❹14	ルクセンブルク ❸25
ネパール ❷29	ボツワナ ❻37	ルワンダ ❻30
ノルウェー ❶19,23,35,36 ❸34	ボリビア ❺35	レソト ❻40
	ポルトガル ❸9	レバノン ❷22
は	香港 ❷15	ロシア ❶12,26,38 ❹4
ハーリング ❸14		

監　修	**日本オリンピック・アカデミー** ギリシャに本部を持つ国際オリンピック・アカデミー（IOA）に所属する国内アカデミーで、設立は1978年。オリンピック史研究、オリンピック教育やスポーツ医学、マスメディアなど、さまざまな分野のメンバーで構成され、オリンピックの理念にそった研究や教育を実践するなど、幅広い視点でオリンピック・ムーブメントを推進している。
装丁・デザイン	チャダル108
企画・編集	渡部のり子、山崎理恵（小峰書店） 株式会社ジャニス
文	大野益弘、美甘玲美、宮嶋幸子
特別協力	佐野慎輔（JOA）
写　真	フォート・キシモト、クリエイティブ・コモンズ
参考・引用	『JOAオリンピック小事典』（メディアパル）／『近代オリンピック100年の歩み』（ベースボール・マガジン社）／『障がい者スポーツの歴史と現状』（日本障がい者スポーツ協会）／『日本のスポーツとオリンピック・パラリンピックの歴史』（笹川スポーツ財団）／『THE COMPLETE BOOK OF THE OLYMPICS 2012 EDITION』Aurum Press／BERGVALL, ERIK. THE SWEDISH OLYMPIC COMMITTEE, THE OFFICIAL REPORT OF THE OLYMPIC GAMES OF STOCKHOLM 1912, WAHLSTRÖM & WIDSTRAND／CONCOURS INTERNATIONAUX D'EXERCICES PHYSIQUES ET DE SPORTS RAPPORTS, EXPOSITION UNIVERSELLE INTERNATIONALE DE 1900 À PARIS, PARIS IMPRIMERIE NATIONALE／ORGANISATIONSKOMITEE FÜR DIE XI. OLYMPIADE BERLIN 1936 E. V., THE XIth OLYMPICGAMES BERLIN, 1936 OFFICIAL REPORT, WILHELMLIMPERT／ROSSEM, G. VAN. THE NETHERLANDS OLYMPIC COMMITTEE, THE NINTH OLYMPIAD BEING THE OFFICIAL REPORT OF THE OLYMPIC GAMES OF 1928／SPALDING'S OFFICIAL ATHLETIC ALMANAC FOR 1905, SPECIAL OLYMPIC NUMBER Containing the Official Report of the Olympic Games of 1904, THE AMERICAN PUBLISHING COMPANY／The Games of the Xth OLYMPIAD Los Angeles 1932 Official Report, XTH OLYMPIADE COMMITTEE／THE GAMES OF THE XVII OLYMPIAD ROME 1960, The Official Report of the Organizing Committee／THE NINTH OLYMPIAD, OFFICIAL REPORT OF THE OLYMPIC GAMES OF 1928 AMSTERDAM, NETHERLANDS OLYMPIC COMMITTEE／THE OFFICIAL REPORT OF THE ORGANISING COMMITTEE FOR THE XVI OLYMPIAD MELBOURNE 1956／THE OFFICIAL REPORT OF THE ORGANISING COMMITTEE FOR THE GAMES OF THE XV OLYMPIAD HELSINKI 1952／THE OFFICIAL REPORT OF THE ORGANISING COMMITTEE FOR THE XIV OLYMPIAD／THE OLYMPIC GAMES, PART FIRST & SECOND, Published with the sanction and under the patronage of the Central Committee in Athens／THE OLYMPIC GAMES 1904, CHARLES J. P. LUCAS. ST. LOUIS, MO. Woodward & Tiernan／THE OFFICIAL REPORT OF THE ORGANISING COMMITTEE FOR THE XIV OLYMPIAD／THE OFFICIAL REPORT OF THE ORGANIZING COMMITTEE FOR THE GAMES OF THE XVI OLYMPIAD MELBOURNE 1956／XTH OLYMPIADE COMMITTEE OF THE GAMES OF LOS ANGELES 1932 Official Report／市川崑監督・映画『東京オリンピック』／国際オリンピック委員会 https://www.olympic.org/the-ioc／日本オリンピック委員会 https://www.joc.or.jp／国際パラリンピック委員会 https://www.paralympic.org／日本パラリンピック委員会 https://www.jsad.or.jp/paralympic/jpc

オリンピック・パラリンピックで知る
世界の国と地域1　オリンピック・パラリンピックの歴史

2018年4月7日　第1刷発行　　　2019年8月30日　第2刷発行

監修	特定非営利活動法人 日本オリンピック・アカデミー
発行者	小峰広一郎
発行所	株式会社 小峰書店 〒162-0066 東京都新宿区市谷台町4-15 電話 03-3357-3521　FAX 03-3357-1027 https://www.komineshoten.co.jp/
印刷・製本	図書印刷株式会社

©Komineshoten 2018 Printed in Japan
NDC780　44p　29×23cm
ISBN978-4-338-31501-2

乱丁・落丁本はお取り替えいたします。本書のコピー、スキャン、デジタル化等の無断複製は著作権法上での例外を除き禁じられています。本書を代行業者等の第三者に依頼してスキャンやデジタル化することは、たとえ個人や家庭内での利用であっても一切認められておりません。

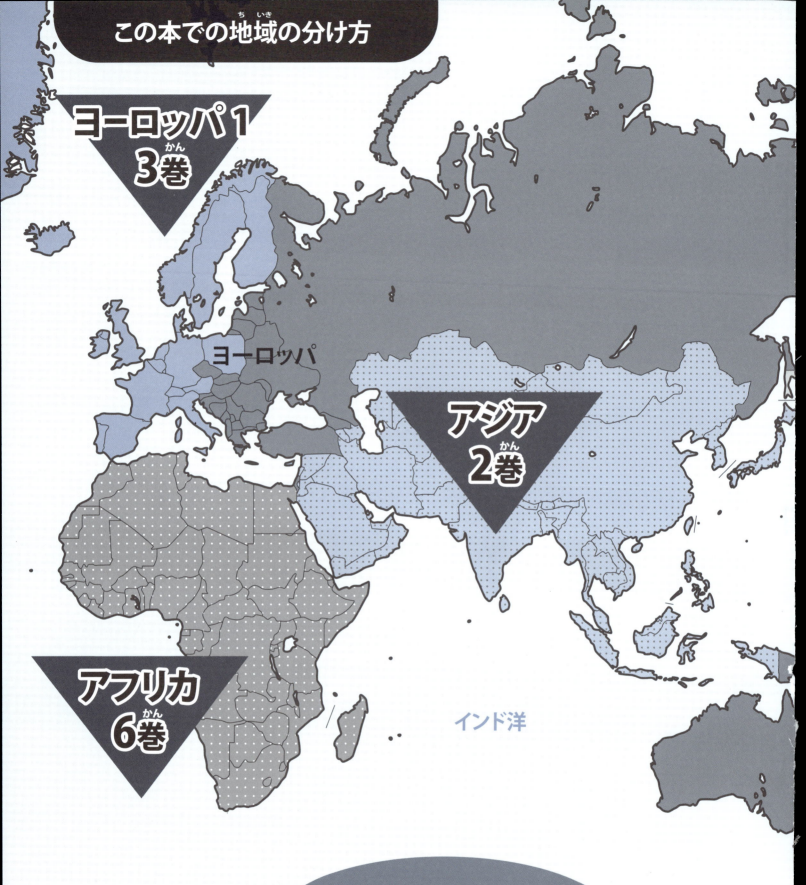